U0113695

异彩纷呈 梵华互鉴

看懂后三国时代的佛造像

于 江／著

中国社会科学出版社

图书在版编目（CIP）数据

异彩纷呈　梵华互鉴：看懂后三国时代的佛造像／于江著 . —北京：中国社会科学出版社，2023. 12
ISBN 978 - 7 - 5227 - 2786 - 8

Ⅰ.①异…　Ⅱ.①于…　Ⅲ.①佛像—造像—研究—中国　Ⅳ.①K879. 34

中国国家版本馆 CIP 数据核字（2023）第 231723 号

出 版 人	赵剑英	
责任编辑	郭　鹏	
责任校对	刘　俊	
责任印制	李寡寡	

出　　版	中国社会科学出版社	
社　　址	北京鼓楼西大街甲 158 号	
邮　　编	100720	
网　　址	http://www.csspw.cn	
发 行 部	010 - 84083685	
门 市 部	010 - 84029450	
经　　销	新华书店及其他书店	

印　　刷	北京明恒达印务有限公司	
装　　订	廊坊市广阳区广增装订厂	
版　　次	2023 年 12 月第 1 版	
印　　次	2023 年 12 月第 1 次印刷	

开　　本	710×1000　1/16	
印　　张	16	
插　　页	2	
字　　数	208 千字	
定　　价	89. 00 元	

凡购买中国社会科学出版社图书，如有质量问题请与本社营销中心联系调换
电话：010 - 84083683

彩版一　无量寿佛像碑（正面）

南齐永明元年　四川博物院

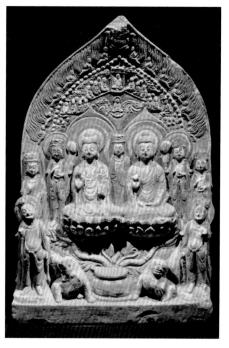

彩版二　张元造释迦多宝像

南梁大同十一年　成都博物馆

彩版三　马法先造释迦像

北周天和五年　西安博物院

彩版四　尼智明造佛像

东魏天平三年　青州市博物馆

目　　录

序 ……………………………………………………………… （1）

前　言 ……………………………………………………… （1）

总述　后三国时代的时间与空间 ………………………… （1）

第一章　东汉至后三国时代的中国佛造像艺术风格 ………… （6）

  概述 …………………………………………………… （6）

  第一节　东汉至西晋时期的佛造像艺术 ……………… （7）

  第二节　东晋至后三国时代的佛造像艺术风格 ………… （9）

    一　东晋十六国时期佛造像艺术风格

     （317—420 年）　………………………………… （9）

    二　南朝建立至后三国时代的佛造像艺术风格

     （420—534 年）　…………………………………（14）

    三　南朝中、前期 …………………………………（16）

    四　北魏时期 …………………………………………（19）

  小结 ……………………………………………………（30）

第二章　后三国时代之南梁佛造像风格特征及其

　　　　形成原因 ……………………………………………（31）

　第一节　南梁时期佛造像遗存 …………………………（32）

　　一　石雕造像遗存 ………………………………………（32）

　　二　金铜造像遗存 ………………………………………（39）

　第二节　南梁时期佛造像艺术风格特征及成因 ………（41）

　　一　南梁时期第一阶段 …………………………………（42）

　　二　南梁时期第二阶段 …………………………………（50）

　　三　南梁时期第三阶段 …………………………………（85）

　小结 ………………………………………………………（90）

第三章　后三国时代之西魏—北周佛造像艺术风格

　　　　特征及其形成原因 ……………………………（92）

　第一节　西魏—北周时期佛造像遗存 …………………（93）

　　一　造像碑遗存 …………………………………………（93）

　　二　石雕造像遗存 ………………………………………（94）

　　三　金铜造像遗存 ………………………………………（98）

　　四　石窟造像遗存 ………………………………………（98）

　第二节　西魏—北周时期佛造像风格特征及成因 ……（104）

　　一　西魏时期 ……………………………………………（106）

　　二　北周时期 ……………………………………………（119）

　小结 ………………………………………………………（135）

第四章　后三国时代之东魏—北齐佛造像艺术风格

　　　　特征及其形成原因 ……………………………（136）

　第一节　东魏—北齐时期佛造像遗存 …………………（137）

　　一　石雕造像遗存 ………………………………………（137）

二　金铜造像遗存 …………………………………（150）

三　石窟造像遗存 …………………………………（157）

第二节　东魏—北齐时期佛造像风格特征及成因 ………（164）

一　东魏—北齐时期第一阶段 ……………………（164）

二　东魏—北齐时期第二阶段 ……………………（172）

三　东魏—北齐时期第三阶段 ……………………（184）

小结 ……………………………………………………（198）

总结 ……………………………………………………（199）

附　录 …………………………………………………（201）

参考文献 ………………………………………………（227）

后　记 …………………………………………………（239）

序

　　初识于江，是在 2002 年的 3 月。那时我还在原中国历史博物馆工作，负责招募博物馆的志愿讲解员。由于是博物馆首次面向社会公开招募志愿讲解员，来报名的人很多，于江就是其中一位。那时的他，还只是一个二十出头的毛头小伙，一脸的质朴和青春特有的青涩。记得等候面试的现场，略显紧张的于江身着正装西服，不时地左顾右盼，那份期待与执着毫无掩饰地写在他充满朝气的脸上。这一晃，已经是二十年前的事了。

　　二十年，对于一个人而言可是个不短的时间。粗略统计，二十年间，于江参讲过的展览应该有百余个，服务的讲解时长应该有近万小时，直接听过于江讲解的观众大概也要有近百万人次。每次到博物馆为观众讲解，于江都要求自己必须换好西服正装、系好领带、擦亮皮鞋，他说，这也是为了表达对观众的尊重。于江的讲解风格一直走的是"专业范儿"，吐字归音、手势站姿、展线走位、信息传达，一看就是在"大馆"练出来的。由于在博物馆服务时间长讲解展览多，在很多新入职的专职讲解员看来，于江俨然已经是他们的"老师"级志愿讲解员啦！

　　当几近完成的《异彩纷呈　梵华互鉴》书稿呈现在我眼前的那一刻，喜悦、敬佩、骄傲，一时难以用准确的语言来描述自己复杂的心情。此书，当是于江二十年文博学习的积淀所成，终呈于册，付梓之际，灼灼其华。二十年，不计功名，默默坚守，始终秉持"学习、分享、奉献"的初心使命。祝愿于江在接下来的二十年、四十年、六十年……仍然不忘初心，踔厉前行，深耕文博，学而不辍，在自我成就的同时，远播文明之火，照亮他人心路。

黄琛

中国博物馆协会社教专委会主任委员

2022 年 10 月

前　言

　　在 2002 年 3 月 6 日的《北京晚报》第一版中央位置，刊登了大约一百四十余字的招募启事（同时也在《北京青年报》上刊登），是当时的中国历史博物馆（今中国国家博物馆前身之一）面向社会公开招聘志愿者，这也是我国博物馆第一次公开面向社会招聘志愿者，我有幸成为其中的一员。

　　当 2002 年 6 月 21 日通过了《契丹王朝》的讲解考核，也就开启了我在中国历史博物馆的志愿者讲解生涯，这一讲就是 20 年。这也是迄今我干的最长的一份"工作"了。20 年间，从对讲解茫然无知，到现在可以连续讲四个小时；从毫无文物知识的小白到如今也能自己撰写展览讲解词；当然，也从青年步入了中年。这 20 年的志愿者生涯，让我收获了太多太多，也让我不断地成长，尤其是对于"讲解"二字的理解上有了质的提高。

　　曾记得当年中国国家博物馆社教部黄琛主任对于"讲解"二字的理解：讲——告诉观众这是什么；解——向观众阐述为什么。这些年也遵循着这一原则在不断地完善自己的讲解技巧、讲解内容。完全按照讲解词进行讲解这是做好一个讲解员的第一步，随着在讲解过程中逐渐感觉到自己的知识量的不足，尤其当屡屡无法解答观众疑惑的时候，深知提高自身知识储备的重要性。于是开始不断地翻阅相关书籍、参加培训，不断地充实自己，在讲解词的基础上进一步地向观众阐述"为什么"。随着从事讲解工作时间越长，就越发深刻地感知自己知识的匮乏，也就越"不敢讲"。面对着悠久绵长的中国历史、博大精深的古代文化、庞大繁杂的物质遗存，深感讲解越发的吃力。而面对着如此浩瀚的内容，我一时无从下手。这时黄琛主任一语点醒了我，不要求多求全，找准一到两个方向深入学习。一语点醒梦中人，而佛造像就是我的重点之一。

为什么我会选择一个比较冷僻的方向作为我的重点呢？这要追溯到 2003 年，这一年的 9 月 16 日，在中国国家博物馆（2003年 2 月，中国历史博物馆与中国革命博物馆合并成立中国国家博物馆）举办了《承德避暑山庄 300 年特展》。这次展览中的最后一个部分——《藏传佛教珍品》是展现当时清帝宗教信仰的，有着大量的藏传佛教造像，这是我完全没有接触过的题材，但是要想讲解这个展览，藏传佛教造像部分必须要拿下。非常感谢志愿者杨小俭老师，藏传佛教造像最初的资料都是杨老师收集、整理然后分享给我的，不但帮助我完成了这个展览的讲解，也将我引入了佛造像的领域。由于藏传佛教造像的独特性，引起了我对中国古代佛造像的兴趣，也逐渐开始学习相关的知识，同时有针对性地参观有关佛造像的展览。但在《承德避暑山庄 300 年特展》之后，到 2007 年闭馆之间就再也没有讲过有关佛造像的展览了。而转眼就来到了 2011 年！

经过将近四年的闭馆重修，改建后的中国国家博物馆将于2011 年正式对公众开放。当时的常设展览并没有现在这么多，主要就是《复兴之路》及《中国古代青铜器艺术》《中国古代佛造像艺术》等四个展览，其中《中国古代佛造像艺术》展是国博第一次有关佛造像的专题展览，为了更好地服务观众，在开馆之前要编写出展览的讲解词与每件文物的语音导览。由于佛造像是比较小众的展览，加之以前国博相关展览较少，所以撰写讲解词有一定的难度。由于我在 2003 年讲过藏传佛教造像，之后也曾撰写过故宫博物院珍宝馆中相关的佛教文物的讲解词，因此在 2010 年 8 月我就正式参与到展览讲解词与导览的撰写工作中。

随着撰写工作的深入，我对佛造像艺术愈发的感兴趣，也就感到其后的文化内涵愈发的庞大。佛造像艺术风格随着时代的变迁而变化，造成这种变化的原因却是多方面的，政治、经济、对外交往等等，如果想深刻理解某一时期佛造像艺术的特点，就需要掌握大量的相关知识。虽然一年后讲解词的撰写工作完成，但是探寻佛造像艺术的脚步并没有停止。十年来，不断学习相关的知识，并实地探访著名的石窟、馆藏造像丰富的博物馆、故宫博物院、首都博物馆、上海博物馆、青州市博物馆、河北省博物院、定州博物馆、四川博物院、西安碑林博物馆、西安博物院、临漳佛造像博物馆以及云冈石窟、龙门石窟、响堂山石窟、麦积山石窟、炳灵寺石窟、敦煌石窟群、陇东石窟群，等等。为了探寻佛造像及石窟的源头，前往印度实地考察。

在参观博物馆佛造像的时候深深地感到，作为我国古代雕塑艺术中较大的一个部分，人们对于佛造像艺术的了解是非常少的，甚至有着很多的误区，这就需要有人为他们进行准确、专业的讲解，引导人们正确地欣赏佛造像、了解佛造像背后的文化。出于讲解员的本能，同时为了更好地了解这些造像、丰富自己的知识，同时为了更好地服务观众，陆续撰写了一些佛造像展览的资料：国博《近藏集萃——中国国家博物馆入藏文物特展（佛造像部分）》、故宫《曲阳修德寺白石造像》《梵天东土　并蒂莲华——公元 400—700 年印度与中国雕塑艺术大展》、上海博物馆《雕塑馆》、青州市博物馆《青州龙兴寺及其窖藏造像》及专题文章《佛像的小肚子》《佛像上的拂尘》等。

虽然撰写了一些佛造像相关的文字资料，但是大部分都是专题特展，而且以地方为主，并没有深入地去解读一个时代的佛造像的艺术变化。我做志愿者已经整整20年了，因此决定尝试着系统地探寻后三国时代佛造像艺术风格的特征及其变化的原因，也是为自己20年志愿者生涯做一个阶段性的总结。

当然，自己仅仅是一个普通的志愿讲解员。而关于讲解员的作用，中国国家博物馆原社教部主任黄琛曾说过"讲解员的作用是引导、帮助观众更好地理解、参观展览"。简单而言，讲解员有点类似"搬运工"——将学术界已有的成果，通过自己的阅读、理解并加以选择、整理之后，系统地传递给前来参观的观众，搭起学术成果与观众之间的桥梁，使观众在参观时有所收获。同时，我并非一个专业人员，且有大量的学者对我国古代佛造像艺术风格有着深入的研究，自然不敢以自己浅薄的知识与众多学者并论，我仅遵循着一个讲解员的职责，在众多学者的研究成果中通过自己的融会、理解，力图通过历史、经济、艺术、文化交流等多方面解读这一时期我国佛造像艺术风格特点形成及变化的原因，我依然起到的是桥梁的作用，期望对看到这本书的读者在踏入博物馆、看到后三国时代的佛造像时有所帮助。

之所以选择中国历史中这段南北对立的时代，首先，是因为大多数观众对于后三国时代较为陌生，无论是历史、政治还是经济、文化以及对外交往，都不是特别的了解，佛造像艺术则更甚；其次，在不到五十年的时间里，佛造像艺术风格出现了一次重大转变，而促成这次转变的因素又是复杂的，而且同一时间内不同地域的风格特征也不尽相同；最后，后三国时代的佛造像艺术不仅是我国佛教艺术的第一个高峰时期，同时也起到了承上启下的作用，尤其是对于盛唐造像艺术的形成有着决定性的影响。

在探寻佛造像艺术风格的过程中，选取标准造像是最为重要的，由于学识所限，我主要选取带有明确纪年的造像进行分析、探讨，辅以带有明显时代特征而无明确纪年的造像。佛教造像或佛造像应是一个广泛的称谓，其中包括有佛像、菩萨像、罗汉像、金刚力士像等，本书所分析的佛造像艺术风格中均专指佛像，因而本书分析、研究的对象基本属于第一类——佛像，少量涉及其他类别造像。同时，我国的历史分期与佛造像艺术风格分期并不完全一一对应，书中我会特别说明的。

总述　后三国时代的时间与空间

　　本书探讨的是后三国时代的佛造像艺术，首先就要说明何为后三国时代。既然是"后三国"，肯定是对应"前三国"而言。前三国时代就是我们熟知的魏、蜀（汉）、吴三国（220—280年），而后三国时代则是南北朝的后期。

　　进入南北朝之后，我国佛造像艺术风格出现了两次大的变化，其中第二次出现在后三国时代。由于南北朝时期政权分立，政治、经济、文化较为复杂，因此研究这一时期的佛造像艺术风格不仅要考虑到时间上的因素，同时还要兼顾地域的影响。

一　后三国时代的时间范围

　　后三国时代处于南北朝的后期，我国北朝包括了北魏、西魏与东魏、北齐与北周。在公元534年北魏分裂为东、西二魏，这也是后三国时代的开启，公元550年北齐代东魏、公元557年北周代西魏，公元577年北周灭北齐，这也是后三国时代的结束。而公元534—577年，南朝经历了南梁（502—557年）和南陈（557—589年）两个王朝。[①]

---

　　① 本书中所述朝代年限及帝王世系见杜建民《中国历代帝王世系年表》，齐鲁书社1995年版，第44—105页。

1

后三国时代从政权上看起于公元534年、结束于公元577年，前后凡43年。但政权的年代与佛造像艺术风格的分期并不是完全对应的。其中北朝的时间不变，问题在南朝。目前发现带有明确纪年最多的佛造像是南梁时期，其最早的为天监三年即公元504年，因此在探寻南梁佛造像艺术风格的时候，我们不能按照北魏分裂的公元534年将其割裂，而要将其视为一个整体。目前发现的带有南陈纪年的造像仅有一尊，太建元年造铜观音立像①，太建元年即公元569年，而南陈本身国祚时间较短，国力

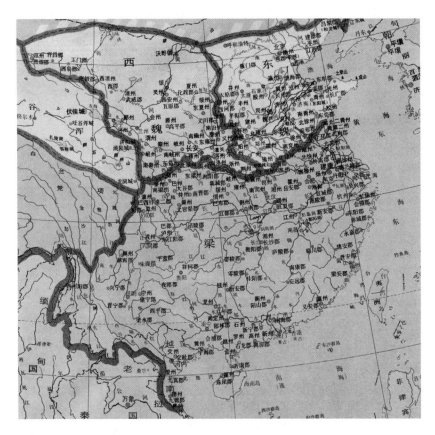

图 0-1 东魏 西魏—南梁

---

① 金申：《中国历代纪年佛像图典》，文物出版社1994年版，第296、513页。

羸弱，文化远没有南梁发达，佛教造像整体数量较少，佛造像风格与前朝比又没有明显变化，因此虽然南陈的前 20 年是处于后三国时代，但并不纳入本书的讨论范畴。所以本书所探讨的后三国时代佛造像风格，时间上是从公元 502 年到公元 577 年，政权则包括东西二魏、北周、北齐和南梁。

二　后三国时代的空间范围

我们确定了时间，接下来就是要确定一下后三国时代的空间范围，就是每一个政权的控制疆域，因为同一地区在不同时间隶属于不同的王朝，所以同一地区出土的造像会表现出不同时代造像特征。

这一时期数个政权不断相互攻伐，所控制疆域尤其是边界的变化也是较为频繁的，但是其核心区域大体是不变的，不过成都地区我们还是要格外注意的。总体而言，控制疆域的变化对于佛造像艺术各时代特征的影响不是很大，五个政权控制的疆域范围大体如下①：

东魏：北到包头、呼和浩特、张家口一线，南抵江苏北部、豫南一线；东临大海，西至黄河东岸。辖今天山东、河北、山西、河南大部，盛时有 70 州 264 郡。

西魏：北到今内蒙古中部、南抵陕南川北、东至黄河西岸、西达敦煌。辖今天陕西大部、宁夏、甘肃、青海、内蒙古局部。共 57 州 183 郡（不含公元 554 年占领的四川）。

北齐：北齐极盛时期的疆域要比东魏大，尤其是南界推至了

① 张明庚、张明聚：《中国历代行政区划》，中国华侨出版社 1996 年版，第 132—167 页；谭其骧主编：《中国历史地图集——东晋十六国·南北朝时期》，中国地图出版社 1996 年版。

3

长江一线，而由于北齐多次裁并州郡，《通典·州郡典一》记载，至天保（550—559 年）末年有 97 州 160 郡。

图 0-2　北齐　北周—南陈疆域图

北周：西魏疆域在晚期开始扩大，都是从南梁抢来的，大统十七年（551 年），西魏取南梁的梁州、益州。公元 557 年北周取代西魏，至灭北齐之前共 215 州 552 郡，当然数量并不代表面积，因为北周的州、郡范围均小于北齐。辖今天的甘肃、宁夏、陕西、四川全部及云南、贵州、湖北、湖南大部和河南、内蒙古局部。

南梁：至侯景之乱（太清二年，548 年）以前北至青州、徐州、汉中一线，南到绵阳、成都、保山一线。辖今天江苏、浙江、福建、广东、湖北、湖南、安徽、广西、贵州、云南、海南全境及陕西、四川、山东局部。

第一章　东汉至后三国时代的中国佛造像艺术风格

概　　述

佛教在两汉之际传入我国，作为佛教的衍生，佛造像艺术大致也是在这一时期进入我国的。但是目前无论是考古发掘还是传世的造像中，并没有发现带有明确纪年的公元1世纪的佛造像。

在2001年重庆丰都镇槽房沟M9考古发掘中，其出土随葬品中有一件青铜摇钱树，在摇钱树的树干上铸有一尊佛像，可以清晰地看出这尊佛像高肉髻、身着"右袒式"袈裟、右手施无畏印。摇钱树下有一个灰陶制成的覆斗形底座，底座高7.21厘米、底边长14.4厘米，在底座的一侧阴刻"延光四年五月十日作"[①]（图1-1）。"延光四年"是汉安帝刘祜的最后一个年号，即公元125年，[②] 这是目前我国带有明确纪年最早的佛像。[③]

---

① 重庆市文物局、重庆市移民局编：《重庆库区考古报告集·2001卷·下》，科学出版社2007年版，第1814、1821页。
② 杜建民编著：《中国历代帝王世系年表》，齐鲁书社1995年版，第42页。
③ 黄春和：《汉传佛像时代与风格》，文物出版社2010年版，第25页。

图 1 - 1　摇钱树及底座　东汉延光四年

　　从东汉中期至后三国时代，我国佛造像艺术大致经历了两个时期：东汉至西晋、东晋至后三国时代。为了便于更好地理解后三国时代佛造像风格特点及其变化原因，简略介绍一下这两个时期的佛造像艺术风格特征。

第一节　东汉至西晋时期的佛造像艺术

　　从东汉中期到西晋灭亡（317 年）的一百九十余年间，考古发掘和传世的佛造像数量不是很多，而且有一个很有意思的特点，截止到 2021 年 5 月，这一时期的佛造像遗存都出自于长江流域，而且呈现出随时间推移，佛造像出土地点从长江上游向下游发展的趋势，且同一时期的黄河流域则没有出土一件佛造像。但是，2021 年 5 月，陕西咸阳渭城区的考古发掘改变了这一现象。2021 年 5 月，陕西省考古研究院在咸阳渭城区成任村发掘了

图 1 - 2　青铜佛立像

图 1 - 3　青瓷魂瓶

六座东汉晚期墓葬，其中在 M3015 墓中出土了一件青铜佛立像（图 1 - 2）和青铜五佛像，而六座墓中的 M3019 中出土了一个带有朱书文字的陶罐，其中有"延熹元年"字样，这是汉桓帝的年号，即公元 158 年。因而，陕西考古研究院推定这两件青铜佛像的年代为东汉末年，这也是我国第一次在黄河流域考古出土东汉时期的佛像。①

这一时期的佛造像还有一个特点，就是没有单体佛造像，这些佛造像都是依附在我国传统器物之上，如门楣、摇钱树、瓷罐、魂瓶等。② 主要的遗存有重庆三峡博物馆收藏的东汉"延光四年"摇钱树上的佛像、南京博物院藏 1941 年四川彭山 166 号东汉崖墓出土的摇钱树座上的佛像、南京六朝博物馆藏雨花台长岗村出土的青瓷壶上的佛像③、中国国家博物馆藏苏州吴县出土的西晋魂瓶上的佛像（图 1 - 3），等等。

通过这一时期有限的佛造像遗存，我们可以大致总结出这一时期的佛造像艺术风格特点：

①　陕西考古研究院：《陕西咸阳成任墓地东汉家族墓发掘简报》，《考古与文物》2022 年第 1 期，第 3—27 页。

②　费泳：《汉唐佛教造像艺术史》，湖北美术出版社 2009 年版，第 52 页。

③　南京市博物馆：《南京长岗村五号墓发掘简报》，《文物》2002 年第 7 期，第 4—5 页。

首先，造像大都比较模糊，比例失准。

其次，佛、菩萨像还没有脱离我国神仙信仰的传统，佛、神相混。

最后，从较为清晰的佛造像上，能够体现出贵霜时期犍陀罗和秣菟罗风格的一些特征。[①]

第二节　东晋至后三国时代的佛造像艺术风格

从佛造像艺术风格的变化来看，这一时期又可以分为东晋十六国时期（317—420 年）和南朝建立至后三国时代（420—534 年）。

一　东晋十六国时期佛造像艺术风格（317—420 年）

公元 317 年琅琊王司马睿南渡，在建康称帝，史称东晋，此时的北方则进入了五胡十六国时期。由于北方的战乱，社会动荡，经济凋敝，民不聊生，这种情况给了佛教一个发展的良机，佛教逐渐为当时的中国人所接受，从我国传统鬼神信仰与哲学思想中脱离出来，成了一种独立的宗教信仰。进而，"佛"也从传统的神仙体系中独立出来，世人开始制作单体佛像。

这一时期佛造像遗存较为丰富，主要有三大类：一类是金铜佛像，即造像用金属主要是铜来铸造，然后外表镀金；[②] 第二类则是各大石窟中留存的造像，包括石雕造像、石胎泥塑造像及泥塑造像；第三类是北凉石佛塔。

我们先来看金铜造像，它是三类造像中最多的，约有数十件。金铜造像在我国出现的时间以及渊源，目前学术界的争论还

---

① 黄春和：《汉传佛像时代与风格》，文物出版社 2010 年版，第 30 页。

② 黄春和：《汉传佛像时代与风格》，文物出版社 2010 年版，第 318 页。

是非常大的。在《三国志·吴志·刘繇传》中记载："笮（音责）融者……乃大起浮屠祠，以为铜人，黄金涂身……"① 参照《后汉书·陶谦传》和《后汉书·孝献帝纪》的记载，笮融起浮屠祠、造佛像的时间当在公元 192—193 年之间，这是目前文献中最早有关制作金铜佛像的记载。② 但是到目前为止，还没有发现东晋之前带有明确纪年的金铜造像，目前我国发现带有明确纪年的最早的金铜造像是十六国时期的。

这两件带有明确纪年的造像是判定十六国金铜造像的标准器，很遗憾的是这两件造像均不在国内：一件是现藏于美国旧金山亚洲艺术馆（Asian Art Museum）的释迦牟尼佛禅定像，在台座的铭文上有"建武四年"字样，经考证该像做于后赵石虎建武四年即公元 338 年，这是目前发现的有明确纪年的最早的单体佛像。另一件则是藏于日本大阪市立美术馆（Osaka City Museum of Fine Arts）的释迦牟尼佛禅定像，台座铭文中出现了"胜光二年"字样，"胜光"是十六国时期夏武帝赫连勃勃的年号，这尊造像做于公元 429 年。③ 这两件造像的特征基本一致：肉髻为硕大的球形，发髻有磨光和发绺两种形式，身着通肩袈裟、衣纹在胸部呈 U 字纹，双手施禅定印、腿结跏趺坐，台座分为矩形和四足座床两种。我们要特别注意的是这两尊造像的禅定印，都是掌心向内，这也是十六国时期金铜造像的重要标志之一。④

除了流失海外的一些十六国时期的金铜造像外，在国内的一些十六国时期墓葬中也出土有一定数量的金铜造像，但可惜的是

---

① 许嘉璐主编：《二十四史全译·三国志·第二册》，汉语大词典出版社 2004 年版，第 762 页。

② 何志国：《早期金铜佛像研究述评》，《中国美术研究》2016 年第 1 期，第 25 页。

③ 金申：《中国历代纪年佛像图典》，文物出版社 1994 年版，第 433—434 页。

④ 黄春和：《汉传佛像时代与风格》，文物出版社 2010 年版，第 39 页。

这些造像均未有明确的纪年
铭文。比如1979年在当时的
西安市长安县（今长安区）
黄良公社（黄良街道）的石
佛寺出土有一尊高13.4厘米
的金铜造像（图1-4），现
藏于西安博物院。① 在造像
的背后刻有佉卢文铭文，据
北大林梅村教授考证为"此
佛为智猛所赠（或所制），
仅向摩列迦之后裔，弗斯托
迦·慧悦致意"②。造像肉髻
浑圆硕大，发髻如丝，明显

图1-4　铜度金佛坐像

受到了贵霜时期犍陀罗风格的影响，身着通肩袈裟、衣纹在胸前
呈U字纹，双手施禅定印且掌心朝向内、腿结跏趺坐，是一尊典
型的十六国时期的佛教造像。在河北博物院收藏有一件1955年
石家庄市北宋村墓葬出土的金铜佛坐像，这尊造像通体鎏金，由
伞盖、背光、佛身、底座四部分组成。这尊造像珍贵之处在于伞
盖与背光同时保存完整，伞盖呈圆拱形，盖面錾刻莲瓣纹，伞盖
边缘处有十余个小孔，原本是用来悬挂饰物的。背光是一个葫芦
形，最上端有一个化佛，下为莲花，化佛两侧各有一个手托宝珠
的飞天；主尊佛两侧各有一个供养人铸造于背光之上。除上述两
件外，在首都博物馆、甘肃省博物馆、博兴县博物馆等都收藏有
十六国时期的金铜造像。

---

① 程旭：《陕西馆藏造像概述》，《敦煌学辑刊》2014年第3期，第130页。
② 林梅村：《西域文明——考古、民族、语言和宗教新论》，东方出版社1995年版。

介绍了十六国时期的金铜造像,下面再来说说石窟中的造像。在河畔山崖开凿的佛教寺庙,被称为"石窟",这一佛教建筑形式源自于古印度,我国最早的石窟是在新疆地区,开凿于公元 3 世纪。① 石窟在中原地区出现的时间要略晚于新疆地区,约在公元 4 世纪末至 5 世纪初,正好处于十六国时期。而这一时期的石窟都开凿于今天的甘肃省境内,包括今天的永靖炳灵寺石窟、天水麦积山石窟、武威天梯山石窟、敦煌莫高窟等。但是很可惜,目前保存有较为完整的十六国造像且时代确凿的石窟非常少,典型的有敦煌莫高窟第 268、272、275 窟(第 267、269、270、271 为第 268 窟内的四个禅窟)② 以及永靖炳灵寺第169 窟。③

　　炳灵寺第 169 窟内由于有明确的纪年题记,是目前唯一一个带有十六国明确纪年的石窟,也就成为判定十六国时期开凿石窟的标准洞窟,其内的造像也就成为判定十六国时期石窟造像的标准像!炳灵寺本有十六国时期的洞窟两个,编号分别是第 1 窟和第 169 窟。其中第 1 窟位于窟群最南端靠近黄河,是一处大型摩崖造像龛,内有造像一佛二菩萨,是明代在前朝石雕造像基础上重新敷泥彩塑的。1964 年修建刘家峡水库的时候,剥去外面的泥塑露出来的石雕造像,其风格与第 169 窟造像风格一致,也被认为是西秦时期开凿的。④

　　第 169 窟内共有 24 龛,其中第 5、8 龛为北魏早期,其余

　　① 宿白:《中国石窟寺研究》,文物出版社 1996 年版,第 16 页。

　　② 敦煌文物研究所编:《敦煌莫高窟内容总录(1993 年修订)》,文物出版社 1996年版,第 109—111 页。

　　③ 董玉祥:《炳灵寺石窟第 169 窟内容总录》,《敦煌学辑刊》1986 年第 2 期,第150 页。

　　④ 甘肃省文物工作队、炳灵寺文物保管所:《中国石窟:永靖炳灵寺》,文物出版社1989 年版,第 170 页。

皆为十六国时期。在第 6 龛里，塑有一佛二菩萨，佛像通高
1.55 米，头北侧有墨书"无量寿佛"，北侧的菩萨高 1.11 米，
背光外墨书"得大势至菩萨"；南侧菩萨高 1.18 米，背光外侧
墨书"观世音盘算"。在第 6 龛的大势至菩萨外侧的龛壁上有
一方残留的墨书题记，文中出现了"建弘元年岁在玄枵，三月
廿四日造"字样。① "建弘元年"即西秦太祖乞伏炽磐的年号，
公元 420 年。

第 6 龛的无量寿佛磨光高肉髻，内着僧祇支，外穿半披式
袈裟，手施禅定印、腿结跏趺坐。这里需要注意的是，这尊佛
像的袈裟样式为"半披式"，这种袈裟披着方式也出现在第 169
窟第 9 龛东边的两尊立佛和第 22 龛主尊佛上。"半披式"袈裟
披着方式是袈裟的左襟自然下垂，右襟敷搭在右肩上然后包裹
住右大臂的外侧、右小臂外侧，从右小臂下穿出搭在左小臂或
左肩之上。"半披式"看似与古印度佛像"右袒式"袈裟类似，
但是二者有明显的区别，与"半披式"一样的是"右袒式"袈
裟的左襟自然下垂，而区别在于右襟，"右袒式"袈裟右襟是
在背后右腋下穿出至胸前，直接敷搭在左肩上，这样就袒露出
右肩、右胸。

"半披式"袈裟披着方式不见于古印度佛像之上（公元 1 世
纪犍陀罗地区的浮雕中出现在非佛像人物上），② 古印度佛像上的
袈裟披着方式只有"通肩式"和"右袒式"两种，传入中原之
后，"右袒式"由于其披着方式需要将身体的右肩、右胸露在外
面，与传统的中国文化相抵触，于是汉民族创造出"半披式"这
一带有民族特征的佛衣样式，是一种民族化的新型佛衣样式，更

---

　　① 董玉祥：《炳灵寺石窟第 169 窟内容总录》，《敦煌学辑刊》1986 年第 2 期，第
150 页。

　　② 费泳：《中国佛教艺术中的佛衣样式研究》，中华书局 2012 年版，第 205 页。

加符合汉民族的文化习惯，是中原地区汉族对于"右袒式"袈裟的一种抗拒。而这种新型民族化佛衣样式一经创造出来，就取代了"右袒式"这一外来样式，成为十六国至北朝石窟中主要的佛衣样式。①

通过现存十六国金铜造像及石窟内造像，我们大致总结出这一时期佛教造像的基本特征：

1. 金铜造像都是结跏趺坐，坐于方形台座或四足座床之上，双手施禅定印掌心向内，身穿通肩袈裟，衣纹在胸前呈 U 形分布。

2. 石窟造像分为立像和坐像两种，坐像腿结跏趺坐、双手施禅定印掌心向上；袈裟以通肩式和半披式为主，罕有"右袒式"。

3. 袈裟衣纹的处理手法和突出躯体起伏变化方面受到了贵霜秣菟罗风格的影响。

通过现存东晋十六国的佛造像遗存，我们可以看到这一时期佛造像艺术的风格特点：总体而言，无论金铜造像还是石窟造像，风格上明显模仿贵霜时期的犍陀罗、秣菟罗艺术，而在头饰、面部、五官、背光台座以及整体造型样式上融入了中原文化因素。

二　南朝建立至后三国时代的佛造像艺术风格（420—534 年）

公元 416 年，即东晋义熙十二年十月，晋安帝封刘裕为宋公，四年后，晋恭帝元熙二年四月，晋恭帝将皇位禅让给刘裕，两个月后刘裕登基称帝，国号"宋"，开启了南朝。② 此时的黄河流域则是鲜卑拓跋氏所建立的北魏，公元 439 年，即北魏太武

---

① 费泳：《中国佛教艺术中的佛衣样式研究》，中华书局 2012 年版，第 211—212 页。

② 许嘉璐主编：《二十四史全译·宋书·第一册》，汉语大词典出版社 2004 年版，第 41 页。

帝太延五年，拓跋焘平定北凉，统一黄河流域，开启了北朝。①

从南北朝开启至后三国时代是整个南北朝时期的中、前期，由于南方政权和北方政权建立者的差异，致使双方在政治、经济、文化以及对外交流上都有着明显的不同。但是在佛教发展这一方面双方基本上是一致的，佛教在这一时期得到了空前的发展，大量佛经的译出、庞大寺院的建造、数量众多的造像，佛教真正地根植于华夏大地上。

由于佛教属于外来文化，与中国本土文化有着明显的区别，有些不为华夏民族所接受，这也反映到了佛教造像上。"右袒式"袈裟在东晋十六国时期极为少见就是一例。因而，有很多国人就试图将佛教这一外来文化与中国本土文化相融合，自汉末三国初年代的牟子就已经开始了，② 佛像也不例外地开始出现了符合中国人审美要求的特点，比如"半披式"袈裟的广泛应用。东晋之时，戴逵及其次子戴颙开始对西来佛像样式进行本土化的改造，遗憾的是二戴所做佛像没有流传下来，我们也无从看到其本土化佛像的真容。③ 我们现在所能见到的佛像艺术的第一次变化恰恰出现在后三国时代到来之前50年—公元483年的南朝。

虽然南北朝时期，佛教在南北两地都得到迅速发展，但是因为文化上的差异，导致了佛造像艺术发展过程并不同步，二者既有差别又有联系，所以讨论这一时期佛造像艺术风格时，就要将南、北两地分别进行分析、探讨。

---

① 许嘉璐主编：《二十四史全译·宋书·第一册》，汉语大词典出版社2004年版，第68—69页。

② 赖永海主编：《中国佛教通史（第一卷）》，江苏人民出版社2010年版，第225—238页。

③ 费泳：《汉唐佛教造像艺术史》，湖北美术出版社2009年版，第106—111页。

三 南朝中、前期

南北朝中前期在佛教艺术发展史上是非常重要的时期，这一时期佛造像艺术风格出现了第一次变化即佛造像艺术的本土化，由印度佛造像艺术风格转而形成了本土化风格："褒衣博带、秀骨清像"。这次变化首先出现在萧齐时期，1921 年出土于茂汶县的"齐永明元年无量寿佛造像碑"是目前我国发现的带有明确纪年最早的"褒衣博带式"风格的佛造像；这次风格变化在北朝出现得要晚一些，大致在北魏孝文帝太和十八年（494 年）之后，出土于临漳邺城遗址窖藏的"北魏正始二年（505 年）三重法荣造像"是这一风格带有明确纪年较早的实物。

先来说说南朝前期。所谓南朝前期主要是指南朝刘宋建立至南齐永明元年，即公元 420—483 年。这六十余年南朝造像存世数量并不是很多，主要就是金铜造像和石窟造像。而带有明确纪年的金铜造像更是稀少，仅有藏于日本永清文库（EISEI BUNKO MUSEUM）的宋元嘉十四年韩谦造铜镀金释迦牟尼佛坐像和藏于美国菲利尔美术馆（The Freer Gallery of Art）的宋元嘉二十八年刘国之造铜镀金弥勒佛坐像（图 1-5）两件。整体上这两尊造像在坐姿、袈裟披着方式、衣纹处理手法上与十六国时期造像接近，但是其娟秀的五官、恬淡的面容、倾斜的削肩、流畅的衣纹无不体

图 1-5 刘国之造弥勒坐像

现了浓郁的江南地域文化特征。①

除了金铜造像外，南京栖霞山千佛岩也遗存有南朝石窟造像。栖霞山千佛岩开凿于晋宋之际，约在梁简文帝天正年间（551年）停止开凿。② 由于目前还没有在石窟中发现带有纪年的题记，加之历代重修，大部分造像已经难以保留初始样子，本书对栖霞山千佛岩就不做讨论了。

从萧齐永明元年至后三国时代开启属于南朝中期，包括了南齐和南梁的前期，后文为了连贯性，将南梁公元502—534年这一时期造像并入到后三国时代一起讨论，因此南朝中期造像以南齐造像为主。

在南朝中期，江南地区的佛造像风格首先出现了变化，这是一件现藏于四川博物院的无量寿佛坐像碑（图1-6，彩版一）。我们可以看到，无量寿佛圆柱形的高肉髻、磨光发髻，面庞方圆，内着僧祇支，身披褒衣博带式袈裟，袈裟右襟搭于左肘之上在胸前形成"U"字领，右手施无畏印，左手掌心向外，拇指与食指、中指自然下垂，其余两指屈向掌心，下身着裙，腿结跏趺坐坐于台座之上，裳悬覆坛。在造像碑的右侧题刻中有"齐永

图1-6 无量寿佛坐像碑

① 黄春和：《汉传佛像时代与风格》，文物出版社2010年版，第77—78页。
② 费泳：《汉唐佛教造像艺术史》，湖北美术出版社2009年版，第181、188页。

明元年，岁在癸亥七月十五日，西凉曹比丘释玄嵩为帝主臣王累世师长父母兄弟六亲眷属及一切众生，敬造无量寿、当来弥勒成佛二世尊像……"内容。"齐永明元年"，是南齐武帝萧赜的年号，即公元483年。[1]

与十六国时期和南朝早期造像相比较，这尊造像在风格上出现了明显的变化：褒衣博带式袈裟、裳悬座。我们先来说说袈裟，袈裟披着方式上一改印度的"通肩式"袈裟和改良的"半披式"袈裟，出现了更具本土特点的"褒衣博带式"袈裟。"褒衣博带"是对中原华夏民族一种传统儒服的称谓，即穿着宽襟、大袖的衣服，腰间束有宽带。[2] 比如现藏于南京博物院的"竹林七贤与荣启期印模砖画"上的人物形象就体现了"褒衣博带"的服饰特点。

"褒衣博带"是指汉民族的一种服饰，但在佛造像中袈裟披着方式不能被称为"褒衣博带"，而是"褒衣博带式"，其特点是在内着僧祇支的胸部束有一个绳带，外披袈裟，袈裟的右襟下垂至腹部，然后横搭在左肘处飘落于身体左侧，胸前形成一个"U"字领，袈裟下摆飘逸、向两侧外展形成裳悬。这种披着方式使得袈裟宽大、飘逸，形似"褒衣博带"的汉民族服饰，因而称为"褒衣博带式"袈裟。所以我们要注意，"褒衣博带式"袈裟仅仅是因为披着样式很像汉族的褒衣博带士大夫装，但两者之间是有着本质不同的。这件无量寿佛像碑是目前我国所发现带有明确纪年最早的"褒衣博带式"风格的佛造像。[3]

---

　　① 袁曙光：《四川茂汶南齐永明造像碑及有关问题》，《文物》1992年第2期，第67—71页。

　　② 费泳：《中国佛教艺术中的佛衣样式研究》，中华书局2012年版，第289页。

　　③ 费泳：《中国佛教艺术中的佛衣样式研究》，中华书局2012年版，第289页。

说完了袈裟的变化，我们再说说"裳悬座"，这件无量寿佛坐像袈裟及佛衣（包括僧祇支、下身的裙，后文所涉及"佛衣"均是此意。——笔者注）衣襞覆坛。在此之前，无论是十六国、北朝早中期、刘宋时期，都不曾见到袈裟下摆如此处理，这一变化应该是在萧齐初年开始的，而"永明元年无量寿佛坐像碑"是目前已知有明确纪年最早的"裳悬座"[1]。

在长江流域的佛教考古发掘中，还出土有这一风格的造像。现藏于成都博物馆的这件石雕一佛二菩萨像（图1-7），1995年出土于成都西安路，在造像题记中有"齐永明八年庚午岁十二月十九日，比丘释法海与母为亡父造弥勒成佛石像一躯……"，"齐永明八年"即公元490年。[2] 我们可以看到这件主尊佛的袈裟披着方式也是"褒衣博带式"。由此可以看出，进入南朝中期后，长江流域地区首先开启了佛造像本土化的改造，进而又影响到了北魏的佛造像风格。

图1-7　释法海造弥勒佛

四　北魏时期

北朝建立至后三国时代是从公元439年至534年，属于北朝中、前期，这段时间黄河流域处于北魏王朝的统治之下。

---

① 费泳：《中国佛教艺术中的佛衣样式研究》，中华书局2012年版，第292页。
② 成都市考古工作队、成都市文物考古研究所：《成都市西安路南朝石刻造像清理简报》，《文物》1998年第11期，第6页。

19

公元 439 年，北魏太武帝拓拔焘统一了黄河流域开启了北朝。北魏自公元 386 年建国至公元 534 年灭亡，共 149 年历 14 帝，其中大部分皇帝信奉佛教，并且大力发展佛教。《魏书·释老志》中记载："天兴元年（398 年）……是岁，始作五级浮屠、耆阇崛山及须弥山殿，加以装饰。别构讲堂、禅堂及沙门座，莫不严具焉"；"太宗践位，尊太祖之业，亦好黄老，又崇佛法，京邑四方，建立图像，仍令沙门敷导民俗"。可见北魏最早的两位皇帝都是支持佛教的，甚至发动中国历史上第一次法难的道武帝拓跋焘即位之初也是推崇佛教的，《魏书·释老志》中记载："世祖（道武帝拓跋焘）初即位，亦尊太祖、太宗之业，每引高德沙门，与共谈论。"① 虽然经历了"太武法难"，但是文成帝即位当年的十二月就下诏恢复佛法。② 并且在和平年间（460—465 年）由当时的沙门统昙曜主持开凿了云冈石窟，这也是中原地区最早开凿的大型石窟。其后诸帝如孝文帝、宣武帝等均大力支持发展佛教，相继开凿了龙门石窟、巩义石窟、须弥山石窟等。由于帝王的支持，民间也是大力发展佛教，使得佛教深入人心，因此此时的造像遗存数量远超之前的时代，尤其是石窟造像。

对应北朝中、前期的佛造像艺术分期是北魏时期，北魏时期的佛造像从风格特点可以分为早（386—446 年）、中（452—494 年）、晚（494—534 年）三期。③ 北魏早期造像遗存主要是金铜造像，且数量并不是很多。现藏于日本东京国立博物馆的弥勒佛立像是这一时期的代表，这件造像球形肉髻、漩涡状发髻，身着通肩袈裟，袈裟衣纹繁缛，在胸前形成 U 字纹，右手施无畏印、

---

①　许嘉璐主编：《二十四史全译·魏书·第四册》，汉语大词典出版社 2004 年版，第 2446 页。

②　赖永海主编：《中国佛教通史·第二卷》，江苏人民出版社 2010 年版，第 66 页。

③　黄春和：《汉传佛像时代与风格》，文物出版社 2010 年版，第 44 页。

左手施予愿印，跣足站立在莲台上，莲台之下是一个四足座床。在四足座床上刻有铭文"太平真君四年"字样，即公元 443 年。这尊造像与炳灵寺石窟第 169 窟第 9 龛当中的立像很是相似，融入了贵霜时期犍陀罗风格和秣菟罗风格。①

北魏中期造像遗存数量随着大量石窟的开凿明显增多，这一时期的造像依然以石窟造像和金铜造像为主。石窟造像中最为重要的就是云冈石窟，云冈石窟位于今天山西省大同市城西十六公里的武州山南麓、武州川北岸，自北魏文成帝和平年间开凿，一直延续到孝明帝正光年间（520—525 年），持续开凿了大约六十余年。现存洞窟共计 254 个，其中主窟 45 个、附属窟龛 209 个，大小造像五万一千余尊。②《魏书·显祖纪》"（皇兴元年八月）行幸武州山石窟"、《魏书·高祖纪》"（太和四年八月）幸武州山石窟寺"③。由此可见，云冈石窟在北魏之时被称为"武州山石窟寺"，明代中后期，在山上修建云冈堡，约定俗成地将山下的石窟称为"云冈石窟"④。

《魏书·释老志》记载："和平初，师贤卒。昙曜代之，更名沙门统……昙曜白帝，于京城西武州塞，凿山石壁，开窟五所，镌建佛像各一。"⑤ 这是关于云冈石窟最早开凿时间的明确记载，"和平"是文成帝年号，公元 460—465 年；"开窟五所"，即指今天云冈石窟的第 16—20 窟。每个窟内均有一尊大佛，或为立

---

① 黄春和：《汉传佛像时代与风格》，文物出版社 2010 年版，第 44—45 页。
② 王恒：《云冈石窟》，北岳文艺出版社 2008 年版，第 1 页。
③ 许嘉璐主编：《二十四史全译·魏书·第一册》，汉语大词典出版社 2004 年版，第 101 页。
④ 李雪芹：《云冈石窟——刻在石头上的北魏王朝》，山西科学技术出版社 2017 年版，第 3 页。
⑤ 许嘉璐主编：《二十四史全译·魏书·第四册》，汉语大词典出版社 2004 年版，第 2451 页。

像（第16、18窟），或为坐像（第19、20窟），或为交脚像（第17窟），且高度均超过13米，其中以第19窟内主尊佛最高，达到了16.8米。① 从造像风格上看，明显呈现出两种不同的风格，第16窟主尊佛造像明显呈现出北魏晚期风格特点，而第17—20窟内主尊佛则为典型的北魏中期风格。

第20窟内为三世佛题材，中间主尊佛（图1－8）球形肉髻、磨光发髻，脸型丰圆、眼睛圆睁，躯体健硕，内着僧祇支、外披半披式袈裟，手施禅定印、腿结跏趺坐（腿部风化严重）。主尊佛的左侧有一立佛，扁球形肉髻、磨光发髻，圆脸、两眼圆睁，身穿通肩袈裟，袈裟薄衣贴体，在胸腹部形成U字形衣纹，右手施无畏印，左手及腿部风化严重。虽然两尊造像风化较为严重，但是我们依然能够看到造像整体风格体现出贵霜时期犍陀罗风格和秣菟罗风格特征。

除了云冈石窟外，北魏中期在河西走廊也开凿有一些其他的石窟。时间当在公元439年北魏太武帝平定北凉、控制河西走廊后至太和十八年之间，但目前在河西走廊还没有发现带有明确这一时期纪年的石窟，从佛造像特征、壁画风格、石窟类型及相关文献分析，敦煌莫高窟第257、259、435等窟；② 天水麦积山石窟74、78、165等窟③应是这一时期开凿的，虽然有些窟的绝对年代还存在争议，但基本都不会晚于北魏太和十八年。

北魏中期也有一些金铜造像的遗存，其中有十余件造像的铭文中出现了"大代"字样，一般学术界认为"大代"即指拓跋氏所建立的北魏。晋怀帝永嘉四年（310年），拓跋氏首领猗卢

---

① 王恒：《云冈石窟》，北岳文艺出版社2008年版，第183页。
② 赵声良：《敦煌石窟艺术简史》，中国青年出版社2017年版，第57页。
③ 魏文斌：《麦积山石窟——初期洞窟调查与研究》，甘肃教育出版社2017年版，第278、286—287页。

图 1－8 云冈石窟 第 20 窟

被晋怀帝晋升大单于、代公。晋愍帝建兴三年（315 年），猗卢晋升为代王。[1] 东晋成帝咸康四年（338 年），拓跋什翼犍即代王位，"始置百官，分掌众职"。公元 376 年，代国被前秦苻坚所灭，拓跋什翼犍不久为其子所杀，代国灭亡。东晋孝武帝太元十一年（386 年）夏四月，拓跋什翼犍之孙拓跋珪即代王位，同年四月改国号"魏"[2]。而"大代"依然为北魏的俗称，因此可以确认刻有"大代"铭文的造像是北魏时期所制。现藏于内蒙古博物院的比丘僧安造释迦牟尼佛坐像就是其中一例，球形肉髻、漩涡纹发髻，内着僧祇支、外披半披式袈裟，躯体健硕，右手施无畏印、腿结跏趺坐坐于束腰台座上，台座下有一四足座床。四足

---

① 许嘉璐主编：《二十四史全译·晋书·第一册》，汉语大词典出版社 2004 年版，第 93 页。

② 许嘉璐主编：《二十四史全译·晋书·第一册》，汉语大词典出版社 2004 年版，第 171 页。

坐床上所刻铭文中有"太和八年"字样，即公元484年。[1]

通过这些石窟造像和金铜造像，我们可以了解到北魏中、前期造像的特点：造像上虽然体现了一些鲜卑民族的审美特征，如健硕的躯体、两眼圆睁，但是总体而言依然是以贵霜时期犍陀罗佛造像艺术和秣菟罗佛造像艺术为粉本。

北魏太和十八年（494年），孝文帝正式迁都洛阳，北魏永熙三年（534年），高欢拥立元善见为帝，是为孝静帝，当年改年号"天平"，同年十一月迁都邺城，[2] 史称"东魏"，也是后三国时代的开启。北魏晚期的四十年也正是北魏佛造像晚期风格时期。这一时期的佛造像遗存数量大幅度增多，除了前期的石窟造像和金铜造像，石雕造像开始大量出现。这一时期的佛造像不仅数量远超之前各个时期，而且造像无论在雕刻制作手法还是艺术水平上都远胜之前，是我国佛造像艺术的一个辉煌时代。

石窟造像依然是研究这一时期佛造像的重要遗存，北魏晚期石窟的数量之多、分布之广、造像特征之鲜明都是远超之前各时代的。如永靖炳灵寺石窟第126、128、132等窟[3]、天水麦积山石窟第23、122、139、142等窟[4]、庆阳北石窟寺第113、165等窟[5]、泾川南石窟寺第1窟[6]、洛阳龙门石窟宾阳中洞、巩县石窟1—5窟，等等。

---

① 黄春和：《汉传佛像时代与风格》，文物出版社2010年版，第50页。

② 许嘉璐主编：《二十四史全译·魏书·第一册》，汉语大词典出版社2004年版，第233页。

③ 甘肃省文物工作队、炳灵寺文物保管所：《中国石窟——永靖炳灵寺》，文物出版社1989年版，第208—209页。

④ 天水麦积山石窟艺术研究所：《中国石窟·天水麦积山》，文物出版社1998年版，第171页。

⑤ 甘肃北石窟寺文物保护研究所：《庆阳北石窟寺内容总录》，文物出版社2013年版，第12页。

⑥ 张宝玺：《甘肃泾川南石窟调查报告》，《考古（1983年合集）》1983年第10期，第908页。

当孝文帝在太和十八年将都城迁至洛阳后，便开始大肆营建龙门石窟。龙门石窟位于今天河南省洛阳市南13公里的伊河东西两岸的香山与龙门山之上，如果从洛阳方向远望，香山与龙门山隔水相望，宛如洛阳城天然的门阙，故有"伊阙"之称，北魏郦道元《水经注·伊水》记载："伊水之北，入伊阙。昔大禹疏以通水，两山相对，望之若阙，伊水历其间，北流故谓之伊阙矣。"①而"伊阙"一词早在西汉司马迁所著《史记》中就已经出现，《史记·秦本纪》"（昭王）十四年，左更白起攻韩、魏于伊阙，斩首二十四万，虏公孙喜，拔五成"②。而"龙门"这一称谓最早应是始于隋朝，唐代韦述的《两京新记》记载："（隋）炀帝登北邙，观伊阙，曰：'此龙门也。自古何不建都于此。'"而龙门石窟题记中，最早将"伊阙"称为"龙门"的，是宾阳南洞里唐贞观廿二年（648年）清信女肖氏造阿弥陀佛记。自此，唐代"龙门"就成了"伊阙"的通称并沿用至今。③

正史记载龙门石窟开凿于北魏宣武帝景明年间（500—504年），但是在古阳洞北壁比丘慧成龛纪年题记为太和十二年（488年），之后有长乐王，丘穆陵亮夫人为亡子造像题记，时间是太和十九年（495年），说明在太和中期龙门已经有零星开凿的石窟。④《魏书·释老志》记载："景明初，世宗诏大长秋卿白整准代京灵岩寺石窟，于洛南伊阙山，为高祖、文昭皇太后营石窟二所。"⑤文中景明初年所营造两窟就是宣武帝元恪为其父孝文帝元宏、其母文

---

① 陈桥驿译注，王东补注：《水经注》，中华书局2009年版，第114页。
② 许嘉璐主编：《二十四史全译·史记·第一册》，汉语大词典出版社2004年版，第67页。
③ 龙门文管所、北京大学考古系：《中国石窟·龙门石窟》，文物出版社1991年版，第173页。
④ 费泳：《汉唐佛教教像艺术史》，湖北美术出版社2009年版，第120页。
⑤ 许嘉璐主编：《二十四史全译·魏书·第四册》，汉语大辞典出版，第2457页。

昭皇太后高氏在龙门石窟而开，分别为今宾阳中洞和宾阳南洞。①
"永平中，中尹刘腾奏为世宗复造石窟一所，凡为三所"②，宣武帝
永平年间（508—512年）所造的这所石窟为宣武帝而造，就在宾
阳中洞北，如此就形成了宾阳三洞。但是仅有中洞在孝明帝正光四
年（523年）完工，而南、北两洞终北魏之世均未完工。而已经完
工的宾阳中洞的造像，却是非常典型的北魏晚期佛造像。

图1-9　龙门石窟　宾阳中洞

宾阳中洞为三世佛题材，
正壁雕刻一铺五身造像，中间
为主尊释迦牟尼佛（图1-
9），高6.5米，球形肉髻、磨
光发髻，面庞圆润、削肩，内
着僧祇支、外披双层袈裟，内
层为褒衣博带式袈裟，外层为
半披式袈裟，两层袈裟右襟均
搭于左肘之上在胸前形成
"U"字领，右手施无畏印、
左手掌心向外，拇指与食指自
然下垂，其余三指屈向掌心，
腿结跏趺坐。这尊造像风格特
征明显与北魏中、前期的造像
不同，反而与南齐永明元年、八年的造像特征一致。

北魏晚期造像遗存中，石雕造像占有一定比例，这也是自十
六国时期至北魏中期所不见的。石雕造像大多出自造像窖藏。
北朝佛教造像窖藏较为重要的有河北曲阳修德寺窖藏、邯郸邺城

① 费泳：《汉唐佛教造像艺术史》，湖北美术出版社2009年版，第123页。
② 许嘉璐主编：《二十四史全译·魏书·第四册》，汉语大词典出版社2004年版，第2458页。

佛造像窖藏、山东青州龙兴寺窖藏。

　　曲阳修德寺遗址佛造像窖藏是三个窖藏中发现最早的，总共发现造像 2200 余件，其中带有明确纪年的共 271 件，属于北魏晚期的共有 14 件，^① 最早的是北魏孝明帝神龟三年即公元 520 年、最晚的是北魏孝武帝永熙三年即公元 534 年。这 14 件造像风格均属于北魏晚期，与时代相对应！

　　这件白石王女仁造佛坐像（图 1 – 10）头部残缺，上身内着僧祇支、外披褒衣博带式袈裟，袈裟右襟搭于左肘之上在胸前形成"U"字领，袈裟下摆向两侧外展，两层衣摆呈回曲状；造像右手已残、左手施无畏印，倚坐在束腰须弥座上。身后的背屏上部残缺，现存部分正面雕刻火焰纹，背面所刻发愿文"武定元年九月八日清信女王女仁兴心造记父母生辰之日正光元年中造像两区……"^② 武定元年是东魏孝静帝年号，即公元

图 1 – 10　王女仁造佛坐像

543 年，正光元年是北魏孝明帝年号，即公元 520 年。从发愿文我们可以知道，这段发愿文是武定元年一位佛教女信徒王女仁刻

　　① 冯贺军：《曲阳白石造像研究》，紫禁城出版社 2005 年版，第 141—142 页。
　　② 胡国强：《你应该知道的 200 件曲阳造像》，紫禁城出版社 2009 年版，第 19 页。

在一件制作于正光元年的佛像上的。从这件造像的风格也可以明确判定是北魏晚期的一件造像。

1996年10月青州龙兴寺佛教造像窖藏被发掘，经过发掘清理共有造像430余件。① 但是仅有七件造像带有题记，其中有明确北魏题记的共三件，分别是北魏永安二年（529年）、三年、太昌元年（532年）。② 这件韩小华造弥勒像是一件带背屏一铺三身石雕造像，像高55厘米、宽51厘米、厚10厘米，下部基座厚18厘米③主尊佛为高肉髻磨光发髻，面庞圆润，内着僧祇支腹部系带，外披褒衣博带式袈裟，袈裟下摆向两侧外展，右手施无畏印，左手施予愿印，赤足站立在一个覆莲莲台之上；两侧胁侍菩萨形象一致，面庞圆润，颈戴桃状项圈，肩披帔帛，帛带在腹部交叉穿过圆环垂落至膝部，再反向向上搭于肘部之后下垂并向两侧外展，两菩萨均是右手向上、左手向下并持有桃状物，跣足站立在覆莲莲台上。三像头后均有莲花型头光，共用一莲瓣形的背屏，莲瓣形背屏后有一个与背屏等宽的方形背板，在其左右角各有一个手持圆形物的半身人像；三个莲台下是一个长方形基座。在造像背板左侧有四行发愿文，其中有"永安二年二月四日清信女韩小华敬造弥勒像一躯……"④ 我们可以看到主尊佛有明显的北魏晚期特征，就是袈裟披着方式——褒衣博带式。

2012年1月，邺城考古队在临漳县北吴庄发现了一处佛教造

① 夏名采：《青州龙兴寺佛教造像窖藏清理简报》，《文物》1998年第2期，第6页。
② 李森：《青州龙兴寺历史与窖藏佛教造像研究》，山东大学出版社2012年版，第97—98页。
③ 夏铭采：《贵州龙兴寺佛教造像窖藏》，生活·读书·新知三联书店2000年版，第89页。
④ 李森：《青州龙兴寺历史与窖藏佛教造像研究》，山东大学出版社2012年版，第97页。

图 1 - 11　韩小华造弥勒像

像窖藏，出土了佛教造像 2895 件（块）。① 从造像风格及造像题记上看，年代从北魏中期直至唐代，历经北魏、东魏、北齐、隋、唐五个时代。其中有相当一部分北魏晚期造像，有明确题记的有太和十九年（495 年）、正始二年（505 年）、永平三年（510 年）、熙平二年（517 年）、永安二年（529 年）等。这些带有明确纪年的造像，在风格上与曲阳修德寺窖藏和青州龙兴寺窖藏同时期的造像风格相一致。

---

① 邺城考古队：《河北邺城遗址赵彭城北朝佛寺与北吴庄佛教造像埋藏坑》，《考古》2013 年第 7 期，第 51 页。

小　结

东汉至后三国时代的三百余年间，我国佛造像艺术风格经历了从模仿到本土化的过程。从有明确纪年最早的东汉延光四年摇钱树佛像开始，一直到公元 5 世纪中叶的云冈石窟昙曜五窟，这期间的佛造像艺术明显带有古印度佛造像艺术的特点，比如犍陀罗风格的肉髻、发髻、袈裟披着方式；而在袈裟衣纹、雕刻方式上体现了贵霜时期秣菟罗风格的特征。同时，随着时间的推移，在造像的面部、五官、背光台座以及整体造型样式上融入了中原文化因素。

进入 5 世纪中叶后，南、北两地的佛造像风格都发生了变化，这一变化首先出现在南方，然后随着北方的政治变革进而传入北方地区。① 这个变化就是佛造像艺术的本土化变革："褒衣博带、秀骨清像"！而这一风格在进入后三国时代后，在不同时期均被新的造像风格所取代。

---

① 费泳：《汉唐佛教造像艺术史》，湖北美术出版社 2009 年版，第 234 页。

第二章 后三国时代之南梁佛造像风格特征及其形成原因

前文提到，我们在讨论后三国时期的南朝佛造像时，时间上要向前延伸、向后缩减，定格在整个南梁王朝时期，即公元502—557年。而南梁时期的佛教造像遗存相对于北方而言并不是很多，带有明确纪年的造像又更加稀少。但只有带有明确纪年的造像对于研究佛造像艺术风格的特征及变化才更具说服力。因此，在探讨后三国时期佛造像风格特征及其形成原因时，依旧以带有明确纪年的佛像（不含带纪年菩萨像）为主。后文亦是如此，不再赘述。

齐和帝中兴二年（502年），皇帝肖宝融将皇位禅让予梁王萧衍，南齐亡。萧衍当年改年号"天监"，史称"南梁"。萧衍在位共48年，是南朝时期少有的安定局面。但是在梁武帝宋朝爆发"侯景之乱"，又经历"江都之陷"，很快梁王朝就衰落了。太平二年（557年）十月，梁敬帝萧方智将皇位禅让予陈王陈霸先，南梁亡。① 南梁共历三代四帝，凡五十六年，南梁时期的佛造像艺术，对于后三国时代的佛造像艺术乃至唐代佛造像艺术都有着深远的影响。在后三国时代，佛教造像艺术出现了一次由本土化风

---

① 许嘉璐主编：《二十四史全译·梁书》，汉语大词典出版社2004年版，第26、124页。

格向印度风格的转变，而这次转变首先发生在南梁所控制的江南地区，之后才向北影响到黄河流域。因而，我们先来了解一下南梁时期佛造像艺术风格的特征以及影响这次变化的诸多因素。

第一节 南梁时期佛造像遗存

南梁时期佛教造像遗存大体也是三类：石雕造像、金铜造像、石窟造像。由于南朝时期的石窟数量较少，仅有南京栖霞山石窟和浙江新昌大佛及千佛崖。由于两处造像历经多年，风化严重，加之后世重修时原貌损毁较大，同时笔者水平有限，因此在探讨南梁佛造像艺术风格时不再列举这两处造像。

石雕造像里还有一类就是造像碑，南梁时期有明确纪年的造像碑数量不多，且造像碑面积有限，造像较小，无法清晰地反映一个时代的特征。如果其他类造像数量足够说明时代特征，笔者将不选取造像碑作为例证。

一 石雕造像遗存

大同三年（537 年），梁武帝命萧纪为益州刺史，州治即今天的成都。萧纪治益州十七年，益州出现了新的局面，无论在经济、文化上都远超南齐时期。《礼记·缁衣》"上有所好，下必甚焉"，此时的梁武帝已然达到了"佞佛"的程度，自然会影响到整个上层社会乃至民间普通百姓。身在益州的萧纪也不例外，因此萧纪治下的益州地区的佛造像，无论是数量还是艺术水准均远高于南齐时期。① 因而南梁石雕佛造像出土最多的地点就是成

① 霍巍：《齐梁之变：成都南朝纪年造像风格与范式源流》，《考古学报》2018 年第 3 期，第 327 页。

都及其周边地区，20 世纪多次出土了南梁佛教造像。

成都地区的佛造像遗存（不含造像碑）主要是万佛寺遗址、成都商业街、成都西安路、成都下同仁路四处，成都周边的佛造像遗存还有茂汶县（今茂县）、汶川县等地。

1. 成都万佛寺遗址①

万佛寺遗址在成都万佛桥附近。相传此寺建于东汉桓帝延熹年间（158—167 年），萧梁时期称为安浦寺。1937 年，万佛寺出土过一尊释迦牟尼佛立像，在造像题记中有"中大通元年……鄱（音波）阳王世子……于安浦寺敬造释迦佛一躯"，中大通元年即公元 529 年；在唐代被称为净众寺，1951 年万佛寺遗址出土一个尊胜陀罗尼经幢，上有铭文"大唐大中元年三月七日癸卯……于净众寺立尊胜幢一所……"，大中元年即公元 847 年；唐会昌法难之时净众寺被毁，唐宣宗时重建；据《四川统治·卷三十八》"宋明净因寺，明改为万佛寺"，也就是宋代称为净因寺；直至明代方才改为"万佛寺"。明末，万佛寺毁于战火，自此之后便湮灭无闻。

到了光绪八年（1882 年），万佛寺附近的农民掘土，发现了石佛残件百余件，其中有两件带有明确纪年：一是宋文帝"元嘉二年"，另一是隋文帝"开皇"。1937 年，农民在种地时又发现了石雕造像 12 件、佛头 26 个，其尺寸均与人等身。其中最为精美的当属梁中大通元年（529 年）鄱阳王世子造释迦牟尼佛像和北周保定年间（561—565 年）赵国公招造阿育王像。② 1945—1946 年，前四川理学院在此处建校舍，相传出土了很多的佛像，遗憾的是均被砸毁或者埋于房基之下了。

---

① 刘志远、刘廷壁编著：《成都万佛寺石刻艺术》，中国古典艺术出版社 1958 年版，第 1—3 页。

② 许嘉璐主编：《二十四史全译·周书》，汉语大词典出版社 2004 年版，第 153 页。

万佛寺遗址出土佛造像数量最多的一次是在 1953—1954 年，铁二局进行基建，出土有佛像、佛头、菩萨像、伎乐天像约二百余件。1937 年、1953 年两次发现的造像曾经存放在四川省民众教育馆等处，后大部分移至四川博物院。[①] 四川博物院现在收藏有万佛寺遗址出土石刻造像共 63 件，包括佛像（包括佛头）、阿育王像（包括头像）、菩萨像（包括菩萨头像）、背屏式造像、造像碑等。其中带有明确纪年的共 11 件，而属于南梁时期的共有 7 件。[②] 但是万佛寺遗址出土有明确纪年最早的石刻，是现在流失海外的元嘉二年（425 年）净土变浮雕。

2. 成都商业街遗址[③]

1990 年 6 月 26 日，成都市商业街 16 号院暖气管道正在施工，施工过程中在距地面 2 米深的地方，发现了四尊石雕造像，施工方马上将四尊造像送到了成都博物馆。博物馆立即派考古工作人员赶赴现场，到达现场后发现还有造像压在土层的下面，于是组织试发掘，并且向出土佛像的两边进行扩方。随后又发现了五尊石雕造像。

此次共发现石雕造像九件，其中红砂石造像五件、青石造像四件。有两件造像铭文中带有明确纪年：一件是“齐建武二年”（图 2-1）；另一件是“梁天监十年”。齐建武二年，南齐明帝萧鸾年号，公元 495 年；梁天监十年，梁武帝年号，即公元 511 年。从造像风格特征分析，九件造像中一尊残存底座，八尊造像的主尊佛均披着“褒衣博带式”袈裟，又有明确的“建武”“天

---

① 袁曙光：《成都万佛寺出土的梁代石刻造像》，《四川文物》1991 年第 6 期，第 27 页。

② 袁曙光：《四川省博物馆藏万佛寺石刻造像整理简报》，《文物》1991 年第 10 期，第 19、35 页。

③ 张肖马、雷玉华：《成都市商业街南朝石刻造像》，《文物》2001 年第 10 期，第 4、16 页。

监"年号，因此这八件造像的制作时间大致在齐永明前后至齐梁相交，时间跨度约在 20 年左右。

3. 成都西安路①

1995 年 5 月，在成都市西安路拓宽工程中发现了造像，经考古队查看，这应是一处佛造像窖藏。这个窖藏是一个不规则的、近似椭圆的坑，坑口距地面 1.3 米、南北长 1.7 米、东西宽 1.3 米、坑深 65 厘米，坑内出土有大量的绳纹瓦块、陶片、莲花纹瓦当等。窖藏一共出土造像

图 2-1　释法明造佛像　齐建武二年

九件，其中有一件道教造像，其余八件为佛教造像，八件造像均为红砂石雕琢。非常可贵的是，八件佛教造像中带有明确纪年的就有五件，最早的为"齐永明八年"，最晚的是"太清五年"。齐永明八年即公元 490 年；"太清"是梁武帝最后一个年号，本有三年，即公元 547—549 年。梁武帝死后，侯景先后立萧纲（梁简文帝）、萧栋为帝，独掌中央大权。但是，许多萧氏宗族并不执行其颁布年号和政令。如梁武帝第七子萧绎，时任荆州刺史，一直使用"太清"年号直至公元 552 年；梁武帝第八子萧纪时任益州刺史，州治恰是成都，也一直使用"太清"年号到公元 551 年，也就是太清五年。次年，也就是梁简文帝大宝二年，萧

---

① 成都市文物考古工作队：《成都市西安路南朝石刻造像清理简报》，《文物》1998 年第 11 期，第 4—5 页。

纪称帝，才停止使用"太清"改年号为"天正"①。这八尊造像应是制作于南齐中期至南梁末期，时间跨度达60余年，由于多件带有明确纪年，是研究这一时期佛造像风格变化的重要实物资料。

4. 成都下同仁路遗址②

下同仁路遗址位于成都市青羊区下同仁路126号，这一区域原来是成都水表厂厂区，北邻实业街，南距宽窄巷子仅200米。遗址的东侧地表保留有一段城墙，南北大约长45.5米，最宽处大约23.5米，最高的地方约6.7米。2012年对这段城墙进行了考古勘探，确认这段城墙是唐晚期西川节度使高骈所修成都罗城西墙的一部分。2014年9—12月，成都市考古研究所对这一区域进行了考古勘探和发掘，共清理出16个灰坑和2口水井，其中H3、H6是两处佛教造像窖藏坑。③ H3中70件、H6中57件，造像多为红砂岩质，其中圆雕佛像15尊、带背屏组合式9件、佛头6件、菩萨像30件、罗汉像22件、天王像9件。造像年代从南朝至唐代，其中南朝、北周居多，有少量隋、唐造像。造像中有5件带有明确的纪年，最早为梁天监十五年、最晚为北周天和三年。天监十五年即公元516年，天和三年为北周武帝宇文邕年号，即公元568年。西魏废帝二年（553年），西魏趁已经称帝的萧纪东征离开成都之际攻取益州，益州此后一直归属西魏、北周，因此在成都地区出土的佛造像铭文上能够看到北周年号。

---

① 许嘉璐主编：《二十四史全译·南史·第二册》，汉语大词典出版社2004年版，第1131页。

② 成都市文物考古研究所编著：《成都市下同仁路佛教造像坑及城市生活遗址发掘报告》，文物出版社2017年版，第5页。

③ 成都市文物考古研究所：《成都市下同仁路遗址南朝至唐代佛教造像坑》，《考古》2016年第6期，第55—56页。

由于雕琢这批造像的材质大部分为砂岩，因此风化较为严重，保存状况不如成都其他三处窖藏的造像好。虽然造像风化较为严重，但依然能够清晰地反映出时代特征。

5. 四川大学博物馆①

四川大学博物馆是我国西南地区历史悠久的综合性博物馆之一，前身是华西大学博物馆，创建于 1914 年，馆内现藏有两尊有明确纪年的南朝石刻造像。一件是中大通四年（532 年）释迦像，另一件是梁太清三年（549 年）释迦双身像，两像均为红砂岩质。

据笔者能够收集到的公开信息，在原南朝统治区域内，目前仅在成都地区发现的带有明确南朝纪年题记的石雕佛像，② 包括成都出土、四川博物院、四川大学博物馆馆藏共计 24 件（详见表2－1），包括佛像、菩萨像、阿育王像。其中属于后三国时代的佛像共有 19 件。因而本书也以这批造像为基础进行讨论。

表 2－1　　　　　　　　成都地区南朝石雕纪年佛造像

	造　　像	类型	朝代	年号	公历纪年	出土地点
1	比丘释法海造弥勒佛	背屏	齐	永明八年	490 年	西安路
2	释法明造佛像	背屏	齐	建武二年	495 年	商业街
3	比丘释法海造无量寿	背屏	梁	天监三年	504 年	西安路
4	王州子造释迦像	背屏	梁	天监十年	511 年	商业街
5	蔡僧和造释迦立像	背屏	梁	天监十五年	516 年	下同仁路

---

① 霍巍：《四川大学博物馆收藏的两尊南朝石刻造像》，《文物》2001 年第 10 期，第 39—40 页。

② 公元 553 年西魏占领益州，此后成都地区隶属西魏、北周，但佛造像艺术风格上依然延续了南梁时期的特点，故带有北周纪年佛造像依然计入南梁时期。——作者注

续表

	造 像	类型	朝代	年号	公历纪年	出土地点
6	康胜造释迦像	背屏	梁	普通四年	523 年	万佛寺遗址
7	释迦坐像	单体	梁	普通五年	524 年	下同仁路
8	□宜□公姥造释迦像①	背屏	梁	普通六年	525 年	万佛寺遗址
9	比丘尼净□造释迦像	背屏	梁	大通二年	528 年	下同仁路
10	鄱阳王世子造释迦像	单体	梁	中大通元年	529 年	万佛寺遗址
11	比丘晃藏造释迦像	背屏	梁	中大通二年	530 年	西安路
12	比丘释僧显造释迦像②	背屏	梁	中大通四年	532 年	成都出土
13	上官法光造释迦像	背屏	梁	中大通五年	533 年	万佛寺遗址
14	佛立像	单体	梁	大同三年	537 年	万佛寺遗址
15	张元造释迦多宝像	背屏	梁	大同十一年	545 年	西安路
16	胡子达造	背屏	梁	中大同二年	546 年	下同仁路
17	观世音像	背屏	梁	中大同三年③	547 年	万佛寺遗址
18	丁文乱造释迦多宝像④	背屏	梁	太清三年	549 年	成都出土
19	僧逸造阿育王像	单体	梁	太清五年	551 年	西安路
20	陈□造释迦□□像	背屏	西魏	天正三年⑤	553 年	下同仁路
21	赵国公造阿育王像	单体	北周	保定年间	561—565 年	万佛寺遗址
22	菩萨立像	单体	北周	天和二年	567 年	万佛寺遗址
23	杨解造观音立像	单体	北周	天和三年	568 年	下同仁路
24	车远达造释迦像⑥	单体	北周	天和四年	569 年	成都出土

---

① 在《成都万佛寺石刻艺术》一书中，作者将该像标为"隋"，而《四川省博物馆藏万佛寺石刻造像整理简报》一文中标明为南梁，且有带纪年发愿文。袁曙光：《四川省博物馆藏万佛寺石刻造像整理简报》，《文物》1991 年第 10 期，第 29 页。

② 霍巍：《四川大学博物馆收藏的两尊南朝石刻造像》，《文物》2001 年第 10 期，第 39 页。

③ 实为太清元年。

④ 霍巍：《四川大学博物馆收藏的两尊南朝石刻造像》，《文物》2001 年第 10 期，第 40 页。

⑤ 梁武陵王萧纪年号，公元 551 年，仅用一年，许嘉璐主编：《二十四史全译·南史·第二册》，汉语大词典出版社 2004 年版，第 1131 页。

⑥ 袁曙光：《北周天和释迦造像与题记》，《四川文物》1999 年 2 月，第 49 页。

二　金铜造像遗存

南朝金铜造像存世数量极少，带有明确纪年的就更加稀少了，大体上可以分为传世品与出土文物两大类。

1. 传世品①

前文曾提到两件刘宋时期的金铜造像：元嘉十四年韩谦造铜镀金释迦牟尼佛坐像和元嘉二十八年刘国之造铜镀金弥勒佛坐像。金申先生早年间曾对带有明确纪年的传世南朝金铜造像进行过一次统计，结合笔者近几年在博物馆所见新公开的传世品，南朝带有明确纪年的金铜造像约为十件（详见表2-2）。但是，金申先生提出"景平元年王世成造弥勒像"为赝品②、李静杰先生认为"普通二年佛像"为赝品，③ 在此仅作为调查统计数据，讨论南梁佛造像艺术风格时不作为分析对象。

表2-2　　　　　　　　南朝传世纪年金铜佛坐像

	造像	朝代	年号	公历纪年	收藏地点
1	王世成造弥勒像④	宋	景平元年	423年	陕西历史博物馆
2	韩谦造释迦禅定像	宋	元嘉十四年	437年	日本永青文库
3	刘国之造释迦坐像	宋	元嘉二十八年	451年	美国华盛顿菲利尔美术馆
4	魏建达造菩萨像	梁	天监十八年	519年	潍坊市寒亭区文物保管所⑤

---

① 金申：《中国历代纪年佛像图典》，文物出版社1994年版，第435、437、513页。
② 金申：《榆林发现的刘宋金铜佛像质疑》，《文物》1995年第12期，第61—64页。
③ 李静杰、王全力：《佛像赝品的三种情况》，《收藏家》1996年第1期，第57页。
④ 此像为1986年榆林文管会征集而来。张钟权、郝建军：《榆林发现一件南朝刘宋鎏金铜佛像》，《文博》1990年第1期，第93页。
⑤ 浙江省博物馆：《佛影灵奇——十六国至五代佛教金铜造像》，2018年11月29日—2019年2月28日

续表

	造像	朝代	年号	公历纪年	收藏地点
5	佛坐像①	梁	普通二年	521 年	岐山县博物馆
6	比丘僧成造弥勒立像	梁	大同三年	537 年	故宫博物院②
7	陈法珍造观世音像	梁	大同七年	541 年	上海博物馆③
8	张兴遵造佛坐像	梁	大同七年	541 年	上海博物馆④
9	铜立像	梁	太清二年	548 年	台北鸿禧美术馆⑤
10	徐大智造观音立像	陈	太建元年	569 年	日本东京艺术大学

2. 考古发掘

通过考古发掘出土的南朝金铜造像也是非常罕见的，更不要说带有明确纪年的。目前披露的公开资料显示，仅在 2008 年时有过一次。2008 年南京德基广场商业楼二期施工现场发掘出多件金铜佛坐像，据估计在 200 件左右（大多为残片）。据说这些佛像是出自南朝的水井和灰坑之中的，这个地方很可能是一处佛寺遗址，但是当时并没有经过正式考古发掘，大部分都流散了。⑥

南京市博物馆、南京六朝博物馆、南京大学文化与自然遗产研究所等文博单位征集了一些，但更多的流散于民间而不知所踪。所征集的这些金铜造像是高度大多在 20 厘米左右的背屏式

① 此像为 1958 年捐赠入馆。庞文龙：《岐山县博物馆藏铜造像》，《文博》1989 年第 3 期，第 84—85 页。

② 费泳：《南京德基广场出土南朝金铜佛坐像的新发现》，《艺术探索》2018 年第 1 期，第 57 页。

③ 季崇建：《上海博物馆藏纪年佛教造像考证》，《上海博物馆集刊》2000 年，第 235 页。

④ 这件造像背后有"张兴遵为七世父母敬造观世音像一区"，题记与造像不符，应是误刻。李柏华：《试论南朝梁代佛像的几个特征》，《中原文物》2004 年第 3 期，第 72 页。

⑤ 黄春和：《汉传佛像时代与风格》，文物出版社 2010 年版，第 77 页。

⑥ 符永利：《南朝佛教造像的考古学研究》，南京大学 2012 年 5 月，第 137 页。

造像，而从残片分析，应有一些大型金铜造像。从目前披露的资料，南京市博物馆所征集的一件佛像背屏铭文"大通元年八月廿三日超越敬造供养"，这是制作于公元527年的一件造像。[①]

目前我国出土的南朝佛造像，尤其是带有明确纪年的南朝佛造像都是出自成都及其周边地区，而德基广场出土的这批金铜造像，对于研究南梁时期南京地区佛造像风格特征、南京地区与成都地区之间的关联以及南京地区与域外佛造像艺术风格的关系非常重要，填补了南京地区没有出土南朝造像的空白。但是非常可惜的是，这并不是一次科学考古发掘，而且大量的文物流失，造成了极大损失。

第二节　南梁时期佛造像艺术风格特征及成因

纵观南北朝时期佛造像艺术风格的变化，历经两次，而这两次均是从南朝开始的，然后才影响到北朝。前文我们已经介绍了第一次的变化：印度风格转向本土的"褒衣博带、秀骨清像"。而第二次变化则首先发生在后三国时代的南梁，因此我们先来分析南梁时期佛造像艺术风格的特征。

我们探讨南梁时期的佛造像主要以四川地区造像为主，所以涵盖有西魏、北周控制益州之后的时期。依照目前所发现的带有明确纪年的造像，南梁时期佛造像艺术风格特点可以分为三段[②]：第一段，梁武帝天监年间，即公元502—519年；第二段，从梁武帝普通元年到梁简文帝大宝二年（含太清元年至五年年号），即公元520—551年；第三段，从梁元帝承圣元年到北周建德六

---

① 费泳：《南京德基广场出土南朝金铜佛坐像的新发现》，《艺术探索》2018年第1期，第52页。

② 霍巍：《齐梁之变：成都南朝纪年造像风格与范式源流》，《考古学报》2018年第3期，第320、324页。

年灭北齐为止，即公元552—577年。

表2-3　　　　　　　　　南梁世系

谥号	姓名	年号	使用时间	世系
武帝	萧衍	天　监	502四—519	
		普　通	520—527三	
		大　通	527三—529九	
		中大通	529十—534	
		大　同	535—546四	
		中大同	546四—547四	
		太　清	547四—549五	
简文帝	萧纲	太　清	549五—十二	武帝三子
		大　宝	550—551八	
元帝	萧绎	承圣	552十一—555四	武帝七子
敬帝	萧方智	绍　泰	555十—556九	元帝九子
		太　平	556九—557十	

一　南梁时期第一阶段

齐和帝中兴二年（502年），齐和帝萧宝融将皇位禅让予梁王萧衍，萧齐灭亡，萧衍当年改年号"天监"，总共使用了18年。[1] 目前发现的带有天监年号的石雕造像共有三件：成都西安路出土的天监三年"比丘释法海造无量寿佛像"、成都商业街出土的天监十年"王州子造释迦像"、成都下同仁路出土的天监十五年"蔡僧和造释迦立像"；金铜造像一件：山东潍坊市寒亭区文物保管所藏天监十八年"魏建达造菩萨像"。

---

① 许嘉璐主编：《二十四史全译·梁书》，汉语大词典出版社2004年版，第25、30—31页。

1. 第一阶段佛造像实例

"天监三年比丘释法海造无量寿佛像"[①]（图2-2）。这是1995年出土于成都市西安路的一铺三身背屏式造像，造像上部残损，背屏上端、主尊佛头部缺失，但是从袈裟穿着方式等细节依然能够看出其风格特点的变化。造像残高28厘米、宽23厘米。主尊佛内穿僧祇支、外披褒衣博带式袈裟，袈裟右襟搭于左肘之上在胸前形成"U"字领，下身着裙，袈裟下摆向两侧外展，右手施无畏印，左手掌心向外，拇指与食指相捻，其余三指向内屈，跣足站立在莲台之上；主尊佛两侧各有一胁侍菩萨，形象基本一致，菩萨头戴宝冠，宝冠缯带垂落至肩上，肩披帔帛，帛带在胸前交叉，右侧菩萨右手持一环状物、左手在左胸前呈持物状，左侧菩萨左手下垂、右手置于胸前，两菩萨均跣足站立在由童子托起的仰莲莲台之上；在主尊佛与两侧菩萨的腿间各有一弟子像。主尊佛头后有头光、身后有舟形背光，三像共用一背屏，背屏外侧依稀还能看到火焰纹。背屏背面浅浮雕四个供养人，下端长方形部分刻发愿文"天监三年甲申三月三日比丘释法海奉为亡母亡姊无量□石像……"。

图2-2　比丘法海造无量寿佛

---

① 成都市文物考古工作队：《成都市西安路南朝石刻造像清理简报》，《文物》1998年第11期，第10页。

图2-3　王州子造释迦像

"天监十年王州子造释迦像"①（图2-3）。这尊造像1990年出土于成都市商业街，保存相对完好，通高59.2厘米、基座宽35.6厘米，为一佛四菩萨背屏式造像。主尊佛高26厘米，螺发高肉髻，圆脸修长，颈部有蚕节纹；削肩、体态修长，内着僧祇支，衣带在胸前系结，外披褒衣博带式袈裟，袈裟右襟搭于左肘之上在胸前形成"U"字领，下身着裙，袈裟下摆向两侧外展，右手施无畏印，左手掌心向外，拇指自然下垂，其余四指屈向掌心，跣足站立在莲台之上；主尊佛两侧各有一菩萨，菩萨头戴宝冠，宝冠的缯带垂落于肩上，肩披帔帛，帛带在胸前交叉，跣足站立在童子所托莲台之上；两菩萨外各有一胁侍菩萨，头戴花鬘高冠，两侧缯带下垂至肩部，面庞圆润，颈部有蚕节纹；手持拂尘立于地神托起的莲台之上；主尊佛头后有头光、身后有身光，外侧胁侍菩萨头后有头光；五像共用一莲瓣形背屏，背屏外缘各雕五身飞天，最上端一对飞天托起宝塔，背屏内层上端浅浮雕说法图。背屏背后浅浮雕说法图，下部刻发愿文"梁天监十年佛弟子王州子妻李兼女咸割身口敬造释迦石像一躯……"。所谓莲瓣式背屏，并非是一个平面，要从侧面欣赏，就能看到背

① 张肖马、雷玉华：《成都市商业街南朝石刻造像》，《文物》2001年第10期，第13—14页。

屏上端是向内弯曲、有一定弧度，如同莲花瓣一样。

这尊造像延续了南齐时期造像风格，"秀骨清像、褒衣博带"、袈裟飘逸，但是我们要特别注意的是主尊佛与两菩萨的颈部出现了蚕节纹，这是在东汉至南齐造像上不曾见到的。

"天监十五年蔡僧和造释迦立像"[①]（图2-4）。2014年出土于成都市下同仁路，为一佛二弟子四菩萨二力士背屏式造像。造像通高43.8厘米、基座宽28厘米，主尊佛头部残缺，内着僧祇支、衣带在胸前系结，外披褒衣博带式袈裟，袈裟右襟搭于左肘之上在胸前形成"U"字领，下身着裙，袈裟下摆向两侧外展，右手施无畏印，左手掌心向下，拇指残缺，其余四指屈向掌心，跣足站立在莲台之上；主尊佛与两侧胁侍菩萨之间各浅浮雕一弟子；主尊佛左侧第一尊菩萨头戴花宝冠，宝冠两侧缯带垂至肩上，菩萨面庞圆润，颈部有蚕节纹，内着僧祇支，肩披帔帛，帛带在胸前交叉，下身着裙，跣足立于莲台之上；主尊佛右侧第一菩萨头部损毁，基本与左侧第一菩萨相同；主尊佛左侧第二菩萨，头戴花宝冠，宝冠缯带垂于肩上，面庞方

图2-4　蔡僧和造释迦立像

---

① 成都市文物考古研究所：《成都市下同仁路佛教造像坑及城市生活遗址发掘报告》，文物出版社2017年版，第56页。

圆，颈部有蚕节纹，上身着僧衹支，下着长裙，左手手持拂尘；主尊佛右侧第二菩萨与左侧第二菩萨相同，仅为右手手持拂尘；最外侧两菩萨身前有两尊力士立于台座之上。主尊佛头部虽残，但是依然能够看到莲瓣形的头光、连珠纹身光，四菩萨、两力士皆有头光，七像共用一个莲瓣形背屏，背屏下是一个长方形基座。背屏浅浮雕图案分为三层，最外层两侧各雕五尊飞天，最上两飞天托一三层宝塔，中间雕礼佛图，内层雕刻七佛。背屏背面上方浅浮雕弥勒菩萨上升兜率天场景；背屏下方有长方形碑面，雕发愿文"梁天监十五年岁次丙申月维孟春佛弟子蔡僧和兄弟奉为亡考别驾亡妣易夫人及亡弟比丘僧珍□造释迦牟尼尊像一区……"。

造像中主尊佛颈部以上残缺，无法得知颈部样式，但两侧的四个菩萨颈部均有蚕节纹。

2. 第一阶佛造像艺术风格特点

通过这三件造像，我们可以总结出萧梁时期佛造像艺术第一段的风格特征：

（1）造像风格依然延续了自萧齐永明元年以来的本土化风格，具体表现在僧衣的形式，即内着僧衹支，外披"褒衣博带式"袈裟，袈裟及裙下摆向两侧外展。在天监十五年的"王州子造释迦像"的主尊佛上，还能体现出"秀骨清像"的特点。

（2）三尊造像均为背屏式造像，而无一尊单体造像。

（3）三尊造像都是共用背屏，且呈现出随着年代的增加、造像数量增加及背屏纹饰愈发复杂的趋势。

（4）主尊佛左手的姿态需要特别注意，天监年间的这三尊佛像的左手均不是与愿印，都是掌心向外，拇指或拇指与食指自然下垂或拇指与食指相捻，其余手指向内屈，这样就形成了一个半握空拳的姿态。这种手的形态延续了南齐造像的风格，同时与同一时间段北魏造像相一致。而且这种手姿并非仅存在于第一阶段，而是贯穿于南梁始终。这与印度佛教律典以及笈多时期佛造像艺术有着密切的关系。为何要半握空拳，下文结合北周时期佛造像风格再做探讨。

在萧梁初年，佛造像艺术风格依然延续了上一时期的风格特征，体现出了东晋、刘宋时期的绘画风格"褒衣博带、秀骨清像"，在造像的整体风格上没有出现明显的变化。但是，在造像的造型及组合数量上还是有一些新气象的出现：

（1）南齐造像的主尊佛同印度贵霜时期的造像一样多为坐像，而天监年间的三尊造像主尊佛均为立像。

（2）南齐与印度贵霜时期造像的组合基本上都是一佛二菩萨，而天监晚期造像组合数量明显增多。

（3）天监十年的"王州子造释迦像"中的主尊佛的发髻是螺发，而之前萧齐时期造像主尊佛均为磨光发髻。

（4）在天监十年及十五年的造像中，主尊佛和菩萨颈部出现了蚕节纹。

3. 第一阶段佛造像艺术风格形成原因

形成这一时期佛造像艺术风格的因素，学术界也进行了一些探讨，大多数学者认为，除了受到东晋以来陆探微画风的影响，印度贵霜时期和笈多时期的佛造像艺术依然是天监时期佛造像艺术的源泉。[①] 背屏式石雕造像在萧齐时期就已经出现了，如成都西安路出土的"齐永明八年比丘释法海造弥勒像"、商业街出土的"齐建武二年一佛二菩萨造像"。而这种背屏式造像早在公元2世纪的贵霜时期（公元1—3世纪）的犍陀罗（图2-5）及秣菟罗造像（图2-6）中已经出现了，在巴基斯坦白沙瓦博物馆、

---

① 胡文成等：《从图像学探讨成都南朝佛像与犍陀罗和秣菟罗、笈多佛像造型艺术流派的关系》，《南方民族考古》2012年，第273页。

图2-5　舍卫城神变　贵霜王朝　犍陀罗风格

图2-6　石雕佛坐像　贵霜王朝　秣菟罗风格

印度德里国家博物馆、印度秣菟罗政府博物馆中都收藏有大量贵霜时期的背屏式造像。萧齐时期的两件背屏式造像，明显是受到了印度佛教艺术形式的影响。

"背屏式"的形式是受到了印度贵霜时期佛造像艺术的影响，时间大约是公元2—3世纪，而天监年间造像不仅受到了贵霜时期的影响，还受到了印度笈多时期佛造像艺术风格的影响。我们要特别注意"王州子造释迦像"主尊佛的"螺发"，这是目前有明确纪年造像中最早出现的。而"螺发"在印度佛造像当中最早见于贵霜王朝秣菟罗风格，约在公元2世纪。但直到公元5世纪的笈多王朝秣菟罗风格，螺发才开始成为主要发髻形式（图2-7）。[①]因此，南梁佛造像的螺发是受到了笈多时期秣菟罗风格的影响。

造像颈部的"蚕节纹"，即在颈部雕刻两至三道弦纹，将颈部分为多个环形凸起，如同蚕一样，又很像我们人胖了之后脖子上的肉褶，而不再是一个光滑的圆柱形。这种造型，几乎不见于东汉至后三国时

图2-7　螺发　笈多时期　秣菟罗风格

---

① 费泳:《汉唐佛教造像艺术史》，湖北美术出版社2009年版，第42页。

代之前的各个时期造像。① 而它的源头也在印度，印度贵霜时期的犍陀罗艺术和秣菟罗艺术的佛造像，在颈部就已经出现了这种纹饰，而到了笈多时期的秣菟罗艺术和萨尔纳特艺术，则更加成熟及普遍。因此，"蚕节纹"的出现还是受到了印度佛造像艺术的影响，更大的可能是受到了笈多时期佛造像艺术的影响。当然，为什么"蚕节纹"早在公元1—3世纪的贵霜时期就已出现但不见于我国早期造像呢？这还是一个需要继续探讨、研究的问题。

天监年间，古印度两个时期的佛造像艺术风格是如何传入到成都地区的呢？我们先来看看第二阶段的佛造像风格变化。

二 南梁时期第二阶段

南梁时期的第二个阶段是从梁武帝普通元年到梁简文帝大宝二年，即公元520—551年约32年的时间。

南北朝时期佛造像艺术风格的两次变化中的第二次，就是发生在这一阶段。因而，这32年不仅仅是后三国时代佛造像艺术风格的重要时期，更影响到了未来中国佛造像艺术风格的走向，同时也是南朝时期佛造像艺术风格的巅峰时期。这一时期带有明确纪年的石雕造像数量也是萧梁时期最多的，涵盖了梁武帝所用的所有年号：普通、大通、中大通、大同、中大同、太清，共计十三件，其中佛像十二件；带有明确纪年的金铜造像四件，其中佛像三件：大通元年铜佛立像、大同三年比丘僧成造弥勒立像、太清二年佛立像。这些造像为研究后三国时期造像风格的变化提供了大量的实物依据！

---

① 在云冈石窟第16—20窟的造像中，出现有颈部有一道弦纹，但是颈部依然是一个光滑的圆柱形，因此严格上讲并不是"蚕节纹"。——笔者注

普通元年（520年）梁武帝改元，大赦天下，减免徭役、赋税。[①] 太清元年（547年），梁武帝接纳了东魏叛将侯景，遂酿成了次年的"侯景之乱"，也造成了自己的死亡，随之诸子纷争、天下大乱。[②] 太清三年即西魏大统十五年（549年），西魏趁侯景之乱、梁武帝驾崩之际，发兵南下，取随郡（即今天湖北随州市）、安陆，大统十七年西魏遣王雄、达奚武攻取汉中，进而威胁江陵、益州。[③]

1. 第二阶段佛造像实例

"普通四年康胜造释迦像"[④]（图2-8）。这尊造像1954年出土于成都市万佛寺遗址，造像背屏上部残缺，残高37厘米、底座宽30厘米、厚12.5厘米。这是一件背屏式组合造像，其上人数已多达11人。中央为主尊佛，头部肉髻残缺、磨光发髻、面庞丰圆，内着僧祇支、胸前结带、外披褒衣博带式袈裟、右襟在腹部横向搭于左臂、胸前形成深"U"字领、袈裟在腹部与腿部形成"U"字纹，下摆向两侧外展、削肩、体态修长，右手施无畏印、左手施与愿印，下身着裙，跣足站立在覆莲莲台之上，头后有莲瓣形头光；主尊佛两侧各有两位菩萨，内侧两菩萨形象基本一致，头戴宝冠，冠中有化佛，宝冠上的缯带垂至肩上，内着僧祇支、腰间束带，由肩至膝披着镶有珠宝的璎珞及绸带由肩至腹部交叉后飘于膝上，两菩萨右手已残，右侧菩萨左手持环状物，左侧菩萨左手持宝瓶，跣足站立在仰莲莲台上；外侧两菩萨

---

① 许嘉璐主编：《二十四史全译·梁书》，汉语大词典出版社2004年版，第55页。

② 王仲荦：《中国断代史系列——魏晋南北朝史》，上海人民出版社2003年版，第417—422页。

③ 陈峰韬：《后三国战争史：从北魏分裂至隋灭南陈》，台海出版社2018年版，第325、329页。

④ 袁曙光：《成都万佛寺出土的梁代石刻造像》，《四川文物》1991年第6期，第27—28页。

头戴宝冠，肩披帔帛，双手捧宝盒，头后有圆形头光；在主尊佛与两内侧菩萨间、内侧与外侧菩萨之间均各有一个弟子，共四人；外侧两菩萨身前各有一天王像，右侧天王头部残缺，肩披长巾，右手执杵，足登靴站立在莲台上；左侧天王头戴宝冠，颈戴项圈，下身着裙，右手托塔，左手持宝盒，跣足立于莲台上，头后有一圆形头光。整个造像共有一个莲瓣形背屏，背屏上端已残，背屏背面上部雕礼佛图，下部刻发愿文"梁普通四年三月八日，弟子康胜发心敬造释迦文石像一躯……"。造像风格基本延续了天监年间佛造像风格特征。

图 2-8　康胜造释迦像

"普通五年释□□佛坐像"①（图2-9）。这尊造像2014年出土于成都市下同仁路，造像肩部以上缺失，是一件红砂岩雕琢的单体造像，残高11.9厘米、基座宽18.1厘米、厚9厘米。造像内着僧祇支，由于两臂残缺，难以判断袈裟披着方式，但从胸前袈裟形状、袈裟下摆外展、裳悬座以及同时出土的H3：75比对，笔者推测造像披双重袈裟，内层为褒衣博带式袈裟，外侧为敷搭双肩下垂式袈裟；结跏趺坐坐于矩形台座之上；台座两侧各有一坐狮，矩形台座与坐狮下为一长方形基座。在矩形台座背后刻有发愿文"梁普通五年岁次乙巳海安寺释□□奉为亡□母及现在敬造此释迦文像原存亡获福"。

图2-9　释□□佛坐像

---

① 成都市文物考古研究所：《成都市下同仁路佛教造像坑及城市生活遗址发掘报告》，文物出版社2017年版，第20页。

图 2-10　□宜□□公姥佛造释迦像

"普通六年□宜□□公姥造释迦像"① （图 2-10）。这尊造像 1954 年出土于成都万佛寺遗址，为背屏式造像，造像上半部及主尊佛左侧缺失，残高 21 厘米、底座宽 20 厘米、厚 6 厘米。主尊佛头部缺失，削肩、体态修长，内着僧祇支、衣带在胸前系结，外披褒衣博带式袈裟，右襟在腹部横向搭在左肘上，胸前留有深"U"字领；右手残缺、左手呈半握拳状；腿结跏趺坐坐于台座上，衣襞覆坛。主尊佛右侧菩萨，头部缺失，肩披帔帛，帛带自肩部下垂至腹部交叉后飘落至大腿、然后反向搭在手臂上；左手托一物于腹部。菩萨右侧还有一弟子及菩萨，但模糊不清。台座外侧各有一个力士；台座前有两个狮奴、外层各有一只狮子，下面共用一个基座。造像背后下部刻有发愿文"普通六年岁次己巳□八月佛弟子□宜□□公姥为过去亡人□□敬造释迦石像一躯……"。

"大通二年比丘尼净□造释迦像"② （图 2-11）。这尊造像 2014 年出土于成都市下同仁路，为黄砂岩雕琢的背屏式组合造像，造像的上半部分残缺，残高 17 厘米、基座宽 23 厘米、厚 10 厘米，但是通过残存的造像部分依然可以看出其风格特征。主尊

----

① 袁曙光：《四川省博物馆藏万佛寺石刻造像整理简报》，《文物》1991 年第 10 期，第 29 页。

② 成都市文物考古研究所：《成都市下同仁路佛教造像坑及城市生活遗址发掘报告》，文物出版社 2017 年版，第 56—59 页。

图 2 - 11　比丘尼净□造释迦像

佛立于中间，肩部以上残缺，内着僧祇支，外披褒衣博带式袈裟，袈裟右襟搭在左肘上，下摆向两侧外展，下身着裙，跣足站立在双层覆莲莲台之上；主尊佛两侧为胁侍菩萨，头戴宝冠，宝冠缯带飘于肩上，颈部有蚕节纹；肩披帛带，帛带在胸前交叉，跣足站立在莲台上，两菩萨均左手托钵、右手抚钵口；最外侧还各有一菩萨，左侧菩萨仅存有双脚，右侧菩萨头部缺失，颈戴项圈、肩披帔帛，右手持拂尘。在主尊佛与两内侧菩萨之间、内侧与外侧菩萨之间各雕有一弟子像，共四名。残缺的背屏背面上端雕供养人群像，下端为发愿文"大通二年八月□日比丘尼净□奉为亡父及□□眷属敬造释迦石像□躯……"。造像主尊佛颈部以上残缺，但两侧菩萨颈部有蚕节纹。

"中大通元年鄱阳王世子造释迦像"[1]（图 2 - 12）。这件造像

---

① 袁曙光：《四川省博物馆藏万佛寺石刻造像整理简报》，《文物》2001 年第 10 期，第 20 页。

图 2-12 鄱阳王世子造释迦像

是 1937 年在万佛寺遗址出土的，目前公开资料是没有出土时照片的。但袁曙光老师在《成都万佛寺出土的梁代石刻造像》[①] 一文以及刘志远、刘廷壁两位老师编写的《成都万佛寺石刻艺术》一书中，该像配图中都有头像，[②] 但是很明显这个头像与身体并不是一尊造像上的。袁曙光老师在《成都万佛寺出土的梁代石刻造像》一文发表的十年后，即 2001 年再度撰写《四川省博物馆藏万佛寺石刻造像整理简报》中也发现了这一问题，并提出无法确定头部属于"鄱阳王世子造释迦像"[③]。

因此推测，这件造像出土的时候是没有头部的。

这是一件单体圆雕造像，通高 197 厘米，身披褒衣博带演化式袈裟，袈裟右襟横向穿过胸部，然后向上整搭在左肩之上，在胸前留有一个小圆领，袈裟从两肩向两臂呈阶梯状衣纹，在腿部、胸部呈现流畅的 S 形曲线，袈裟薄衣贴体、显出躯体的轮廓，明显与"褒衣博带式"袈裟不同；下身着裙，造像跣足站立

---

① 袁曙光：《成都万佛寺出土的梁代石刻造像》，《四川文物》1991 年第 6 期，第 29 页。

② 刘志远、刘廷壁编著：《成都万佛寺石刻艺术》，中国古典艺术出版社 1958 年版，图版 8。

③ 袁曙光：《四川省博物馆藏万佛寺石刻造像整理简报》，《文物》2001 年第 10 期，第 20 页。

在台座上。造像背后下部
有阴刻铭文"中大通元年
太岁己酉……鄱阳王世子
西止于安浦寺敬造释迦像
一□……"。

"中大通二年比丘晃藏
造释迦像"[1]（图 2 – 13）。
这尊造像 1995 年出土于成
都市西安路，也是一件背
屏式组合造像：一佛、四
菩萨、四弟子、二力士。
保存较为完整，通高 38.5
厘米、宽 27 厘米。主尊佛
高 18 厘米，球形肉髻，磨
光发髻，面庞圆润，削肩、
体态修长，内着僧祇支，

图 2 – 13　比丘晃藏造释迦像

外披褒衣博带式袈裟，下身着裙，佛衣飘逸、袈裟下摆向两侧外
展，右手施无畏印，左手拇指与食指相捻，其余三指向内微屈；[2]
跣足站立在双层覆莲莲台之上，头后有圆形头光及身光；主尊佛
两侧各有两胁侍菩萨，菩萨均头戴宝冠，宝冠两侧的缯带垂直肩
上，最外侧两菩萨有圆形头光，四菩萨均颈戴项圈、肩披帔帛，
帛带在腹部交叉呈"X"形，主尊佛右手内侧菩萨的左手捧一

---

① 成都市文物考古工作队：《成都市西安路南朝石刻造像清理简报》，《文物》1998
年第 11 期，第 6—7 页。

② 在《成都市西安路南朝石刻造像清理简报》中，认为左手为说法印，笔者认为不
妥，这种手势应与手印无关，而是与佛教律典规定的袈裟披着方式有关，且南朝造像的左
手基本上都是近似形态，关于这种手姿将在后面进行分析。——笔者注

物，右手覆其上，主尊佛左手内侧菩萨的左手持有一环状物，右手上举；外侧两菩萨被身前力士挡住身体，两力士都头戴冠，有圆形头光，左手握有兵器，右手上举于胸前；主尊佛莲台前有一化生童子托举博山炉，两侧各有一个护法的蹲坐狮子；在主尊佛与两内侧菩萨之间、内侧与外侧菩萨之间共有弟子四人；诸像共用一个莲瓣形的背屏，背屏外侧以浅浮雕方式各雕四尊飞天，莲瓣头部位雕一三塔刹宝塔，背屏内侧浅浮雕佛传故事。造像背面下部有铭文55字"中大通二年七月八日比丘晃藏奉为亡母敬造释迦石像一躯……"。

"中大通四年比丘释僧显造释迦像"[①]（图2－14）。这件造像是四川大学博物馆的旧藏。造像的上半段残缺，为红砂岩雕琢的背屏式组合造像，一佛、两胁侍菩萨、四菩萨、四弟子、二力士。残高22厘米、宽25厘米、厚10厘米。主尊佛的头部残缺，削肩，内着僧祇支，外披褒衣博带式袈裟，袈裟右襟搭于左肘后下垂，袈裟下摆向两侧外展，右手残缺，左手掌心向外，拇指自然下垂，其余四指向内屈，下身着裙，跣足站立在莲台之上；主尊佛两侧各有一

图2－14　比丘僧显造释迦像

<hr />

① 霍巍：《四川大学博物馆收藏的两尊南朝石刻造像》，《文物》2001年第10期，第39页。

胁侍菩萨，头戴宝冠，宝冠的缯带下垂至肩部，头后有圆形头光，胸前戴璎珞，一手托钵；主尊佛身后立有四位菩萨，其中仅有一位头部保存完好，余者皆残；四菩萨背后的背屏上雕刻四弟子像，其中三位头部保存完好；主尊佛莲台两侧各有两护法狮子、两大象，两大象背后各站立一力士，力士皆有头光，一力士上身袒露，肌肉健壮，另一力士身着铠甲，形象威武。诸像共用一个背屏，但是背屏上端残缺，背屏背面下部阴线刻发愿文"中大通四年八月一日繁东乡齐建寺比丘释僧显发心敬造释迦石像一躯……"。

"中大通五年上官法光造释迦像"[①]（图2-15）。这尊造像出自于成都万佛寺遗址，为砂石雕琢的背屏式组合造像，一主尊佛、四菩萨、四弟子、两力士。造像背屏上部缺失，残高35.5厘米、宽37厘米、厚14厘米。主尊佛头部残缺，削肩、体态修长，内着僧祇支、外披褒衣博带式袈裟，在身体前形成"U"字衣纹，袈裟下摆向两侧外展，双手残缺，下身着裙，跣足站立在双层覆莲莲台上；主尊佛两侧各有两菩萨，四菩萨均头戴宝冠，宝冠缯带垂至肩上，肩披帔帛，帛带在腹部交叉，下身着裙，

图2-15 上官法光造释迦像

---

① 袁曙光：《成都万佛寺出土的梁代石刻造像》，《四川文物》1991年第6期，第28页。

主尊佛右手内侧菩萨左手托一捧盒、右手覆于其上，外侧菩萨双手持拂尘，主尊佛左手内侧菩萨右手持一球状物置于胸前，左手持一索状物置于胯，外侧菩萨双手持莲蕾，内侧两菩萨均跣足站立在仰莲莲台之上；主尊佛与两内侧菩萨、内侧与外侧菩萨之间雕有四弟子；在两外侧菩萨身前各有·力士，力士头后有圆形头光，束髻戴冠，敞襟露怀，颈戴项圈，肩披帔帛，下身着裙，跣足站立在大象之上，右侧力士左手持杵；在主尊佛莲台两侧各有一护法狮子；在莲台正下方雕化生童子托博山炉，博山炉两侧各有六名供养弟子。背屏背后下方刻发愿文"中大通五年正月十五日上官法光为亡妹令玉尼敬造释迦文石像一躯……"。

"大同三年佛立像"[①]。这件单体圆雕造像出土于成都万佛寺遗址，头部、双手、双足以下均残缺，造像残高127.5厘米。其内着僧祇支，胸前结带结，外披褒衣博带式袈裟，袈裟下摆向两侧外展，造像背后刻一行铭文"大同三年岁次丁巳八月甲子□□"。

"大同十一年张元造释迦多宝像"[②]（图2-16，彩版二）。这尊造像1995年出土于成都西安路，造像保存完好，高43厘米、宽29.5厘米。这尊背屏式造像的题材与其他南朝造像不同，是释迦多宝并坐说法题材，所以造像组合是二佛、五菩萨、两弟子、两力士。二佛均是球形肉髻、磨光发髻，面庞圆润，颈部有蚕节纹，在头后有一圆形头光和莲瓣形身光。右侧佛内着僧祇支，胸前结带结，外披褒衣博带演化式袈裟，右襟由腹部向上搭至左肩，胸前形成"U"字领，右手施无畏印，左手掌心向外拇指与食指相捻，其余三指向内微屈，下身着裙，腿结跏趺坐坐于双层仰莲

---

① 袁曙光：《成都万佛寺出土的梁代石刻造像》，《四川文物》1991年第6期，第30页。
② 成都市文物考古工作队：《成都市西安路南朝石刻造像清理简报》，《文物》1998年第11期，第8—9页。

莲台之上，左侧佛内着僧祇支，外披褒衣博带演化式袈裟，右手向上，除拇指与食指余者皆向内弯曲，左手结禅定印置于腿上，下身着裙，腿结跏趺坐坐于双层仰莲莲台之上；两佛之间及身体外侧各有一菩萨，两佛与外侧菩萨间各有一弟子；在两莲台外侧还各有一菩萨立像，菩萨前各立一力士，力士头后有圆形头光，肩披帔帛，帛带在腹部交叉呈"X"形，一手持兵器、一手握拳于胸前；莲座下各有一护法狮子，

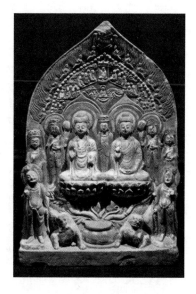

图 2 - 16 张元造释迦多宝像

狮子中间的容器内伸出莲枝托起两个莲台；诸像共用一个莲瓣形的背屏，外层两侧各雕六尊飞天，最上端的两个飞天托起一个宝塔，背屏连珠纹内侧雕佛传故事。背屏背后上部分浅浮雕说法图，下半部分刻发愿文"大同十一年十月八日佛弟子张元为亡父母敬造释迦多宝石像……"。

两尊主佛均身披褒衣博带演化式袈裟，虽然这还是本土化的表现形式，但是我们要注意袈裟下摆，两佛袈裟下摆并不像永明元年造像碑及永明八年佛坐像那样衣襞覆坛，形成裳悬座，而是紧贴腿部。这明显是受到了印度笈多艺术的影响。

"中大同二年胡子达（……）造像"[①]。造像为红砂岩雕琢的一佛二菩萨背屏式造像，但是残损严重，仅剩下长方形台座、主尊佛胸部以下及右侧胁侍菩萨，胁侍菩萨也是头部缺失，残

① 成都市文物考古研究所：《成都市下同仁路佛教造像坑及城市生活遗址发掘报告》，文物出版社 2017 年版，第 60 页。

高 16.2 厘米、基座宽 18.8 厘米、厚 3.6 厘米。虽然这件造像残缺比较严重，但是从残留部分依然能够看到其艺术风格特点，主尊佛双手结禅定印、托钵于腹部，腿结跏趺坐坐于方形台座上，袈裟以阴刻线表示衣纹，下摆垂于台座之上形成"裳悬座"，但是明显地看到下摆外展幅度很小，与"褒衣博带式"袈裟形成的裳悬座差异较大；方形台座两侧各有一覆莲莲台，其上应各站立一个菩萨，现在只有右侧菩萨保存下来，菩萨肩披帔帛，帛带不像同时期其他菩萨像那样交叉于腹部，而是由右肩向左胯部斜披，然后末端垂于腹部裙外，跣足站立在莲台上。方形台座与莲台共同坐在一个长方形基座之上，基座四周刻有铭文"中大同二年九月八日胡子达（……）奉为亡父及现在慈母二世眷属造……"。

图 2-17　丁文乱造释迦多宝像

"太清三年丁文乱造释迦多宝像"①（图 2-17）。四川大学博物馆旧藏，只知道是在成都地区出土，但是具体地点已不可考。造像为背屏式组合造像，题材为释迦多宝并坐说法，造像上部、台座均已残缺，残高 26 厘米、宽 19 厘米、厚 25 厘米。两佛有不

---

① 霍巍：《四川大学博物馆收藏的两尊南朝石刻造像》，《文物》2001 年第 10 期，第 40 页。

同的残损，右侧佛像肉髻缺损，面庞丰圆、大耳垂肩，内着僧祇支，腹部结带，外披半披式袈裟，手施禅定印，腿结跏趺坐坐在双层仰莲莲台之上；左侧佛头部、双手残缺，内着僧祇支，外披褒衣博带式袈裟，腿结跏趺坐坐在双层仰莲莲台之上。两佛头后有莲瓣形头光及圆形身光；两佛之间雕一梵王，头束高发髻，身披长袍，左手托钵；两佛外侧各有一胁侍菩萨，左侧菩萨上半身残缺，右侧菩萨头戴宝冠，宝冠缯带垂直肩上，肩披帔帛，帛带在腹部交叉，菩萨头后有圆形头光；佛与菩萨身后原本应有四个弟子，现残存两弟子像；最外侧弟子身前各有一力士，左侧力士仅存一半身体，右侧保存稍好；莲座下各有一护法狮子，狮子中间的容器内伸出莲枝托起两个莲台。造像背后有一发愿文"梁太清三年七月八日佛弟子丁文乱为亡妻苏氏敬造释迦双身尺六刑石像一躯……"。

　　"太清五年僧逸造阿育王像"[①]（图 2 - 18）。这件单体圆雕造像 1995 年出土于成都市西安路，残高 48 厘米。造型球形肉髻，螺发，面庞圆润，嘴唇上方留有八字胡，身披通肩袈裟，在胸前、双腿之上形成平行"U"字衣纹，袈裟薄衣贴体、显出躯体的轮廓，造像双手已残，下身着裙，跣足立于仰覆莲莲台之上，身后的身光仅剩小部分，在内外两周连珠纹之间雕刻有五个坐佛。在头光背面残存浮雕人物，

图 2 - 18　僧逸造阿育王像

　　① 成都市文物考古工作队：《成都市西安路南朝石刻造像清理简报》，《文物》1998 年第 11 期，第 7—8 页。

可能是供养人或是佛传故事的一部分，紧靠腿部有一长方形石条，上面刻有发愿文"太清五年九月三十日弟子柱僧逸为亡儿李佛施敬造育王像供养……"。

　　在这件阿育王造像上已经基本看不到本土化风格的体现了，而从"大同十一年张元造释迦多宝像"（545年）开始，南梁造像就已经明显出现了印度笈多艺术的身影，六年后这件阿育王像融入了更多的笈多艺术风格特点，是我国本土雕刻艺术与印度佛造像艺术的再度融合。

　　发愿文中的年号"太清"是梁武帝最后一个年号，正史《梁书·武帝萧衍》中记录到"太清三年"，即公元549年，这一年五月萧衍驾崩。[①]为何这件阿育王造像的发愿文中出现了"太清五年"呢？是因为梁武帝驾崩后，侯景立萧衍第三子萧纲为帝即简文帝，次年改年号"大宝"；大宝二年（551年）八月侯景废简文帝立萧衍的长子长孙萧欢之子萧栋为帝，不及三月，侯景又强迫萧栋将皇位禅让给自己。自梁武帝驾崩之后，政令皆由侯景出，因而南梁各地的萧氏宗族子弟对于侯景所立皇帝、年号等均不予承认，继续沿用"太清"年号。此时梁武帝第八子武陵王萧纪为益州刺史，成都为州治所在。萧纪一直沿用"太清"年号至公元551年，即太清五年，这一年二月萧纪僭越称帝，改年号"天正"。所以在成都西安路出土的南梁造像发愿文中出现"太清五年"是符合当时历史的。

　　这件造像的题材是"阿育王像"，是南梁第二阶段新出的造像题材。这一造像名称最早见于释惠皎所撰《高僧传》[②]，并且在《释昙翼》中明确提到"阿育王像"并非阿育王本人的塑像，

---

①　许嘉璐主编：《二十四史全译·梁书》，汉语大词典出版社2004年版，第80页。

②　（南梁）释惠皎撰，汤用彤校注：《高僧传》，中华书局1992年版，第199、213页。

而是阿育王所造佛像。唐代道宣等人又将其称为"阿育王瑞像"。在成都出土的南梁造像中，题记中有明确纪年的"阿育王像"共有两件，另一件是"北周保定年间赵国公造阿育王像"。通过《高僧传》《续高僧传》[①] 等文献记载，阿育王像早在东晋就已经存在，且流行于南梁至北周时期的长江流域，而后三国时期的北方未见有这一题材造像。但目前发现的造像题记中明确为"阿育王像"的只出土于成都。[②]

　　除了上述介绍的南梁时期的石雕佛造像外，还有三件带有纪年的金铜佛像。

　　"大通元年铜佛立像"[③] （图 2 - 19）。这件造像出土于南京德基广场，现收藏于南京六朝博物馆。造像高 11.3 厘米，是一件一铺三身背屏造像。[④] 主尊佛球形肉髻，磨光发髻，面庞方圆，披着袈裟呈褒衣博带演化式，袈裟右衣襟敷搭左肩，胸前留有 U 字领，袈裟下摆向两侧外展；右手施无畏印，左手掌心向外，拇指与食指自然下垂，其余三指向内屈，下身着裙，跣足站立在莲花高台座上；主尊佛两侧各有一个胁侍菩萨，但是腿部以下残缺，两菩萨头后各有一

图 2 - 19　铜佛立像

　　① （唐）释道宣：《四朝高僧传·续高僧传·卷二十九》，中华书局 2018 年版，第 1017 页。
　　② 王剑平、雷玉华：《阿育王像的初步考察》，《西南民族大学学报》（人文社科版）2007 年第 9 期，第 66 页。
　　③ 费泳：《南京德基广场出土南朝金铜佛坐像的新发现》，《艺术探索》2018 年第 1 期，第 52 页。
　　④ 参见南京市博物总馆官网 http：//www. njmuseumadmin. com/Antique/show/id/160。

图 2 - 20　比丘僧成造铜弥勒像

个莲花形头光。主尊佛头后有一圆形头光、舟形身光，三像共用一个莲瓣形的背屏，背屏细线阴刻火焰纹，上端有三个小化佛。

"大同三年僧成造铜弥勒像"①（图 2 - 20）。这是一件金铜造像，通高仅 10.5 厘米。一佛二弟子，现藏于北京故宫博物院。主尊佛球形肉髻，磨光发髻，面庞圆润，内着僧祇支，僧祇支以阴刻双线表示，外披褒衣博带式袈裟，袈裟下摆向两侧外展，下身着裙，跣足站立在一覆莲莲台之上，主尊佛头后有一莲瓣形头光、舟形身光；主尊佛两侧各有一弟子，两弟子身着袈裟、双手合十，跣足站立在莲台两侧伸出的莲枝上。三像共用一个莲瓣形的背屏，背屏瓣尖处损坏，背屏饰火焰纹。造像背后刻有"大同三年七月十二日，比丘僧成造琜勒一躯"。铭文中的"琜"是"弥"的俗写。

"太清二年铜释迦立像"②。这是一件铜镀金造像，是台北鸿禧美术馆的旧藏。造像通高 12.4 厘米，单体带背光，佛像球形肉髻，磨光发髻，圆脸，内着僧祇支，外披褒衣博带式袈裟，腹部以下衣纹呈"U"字形，袈裟下摆向两侧外展，右手施无畏

---

① 冯贺军：《僧成造铜弥勒像》，故宫博物院官网，https：//www.dpm.org.cn/collection/sculpture/228993.html。

② 黄春和：《汉传佛像时代与风格》，文物出版社 2010 年版，第 77 页。

印，左手施与愿印，下身着裙，跣足站立在一个覆莲莲台之上；佛像头后有圆形头光及身后有舟形身光，背后有一莲瓣形的背屏，背屏边缘雕刻火焰纹。

2. 第二阶段佛造像艺术风格特点

通过有明确纪年的 12 件石雕造像与 3 尊金铜造像，可以总结出南梁佛造像艺术第二阶段的风格特点：

（1）这一阶段造像样式依然以背屏式组合造像为主，但是出现了单体圆雕造像，虽然在带有纪年的造像中仅有"中大通元年鄱阳王世子造释迦立像"和"太清五年僧逸造阿育王像"两件为单体圆雕造像，但是属于南梁佛造像第二阶段风格的圆雕造像比例还是比较多的，成都万佛寺遗址历次出土的南梁石雕造像中，有四件单体圆雕造像是属于第二阶段的；成都西安路窖藏出土的八件南朝石雕造像中，有两件单体圆雕造像属于这一阶段；西安下同仁路出土的佛像中，有三件圆雕立像（均无铭文）应当属于这一阶段。

（2）这一阶段佛像袈裟的披着形式上出现了变化，一改第一阶段只有"褒衣博带式"袈裟的现象，新出现了"褒衣博带演化式""半披式""通肩式"袈裟（详见表 2 - 4）。"褒衣博带演化式"袈裟是"褒衣博带式"的一种变化，二者的区别在于袈裟右襟的搭法，"褒衣博带式"袈裟的右襟从右肩垂至胸前，然后在腹部横向向上搭于左肘之上，在胸前形成一个"U"字领；"褒衣博带演化式"袈裟的右襟依然是从右肩垂至胸前，但在腹部横向向上搭在左肩上，依旧在胸前留有"U"字领。"褒衣博带演化式"袈裟的出现，是向古印度通肩袈裟回归的产物，当"U"字领逐渐向上直至消失，就成了"通肩式"袈裟。"中大通元年鄱阳王世子造释迦像"的袈裟披着方式是由"褒衣博带演化式"向"通肩式"过渡的典型例子，右襟并不像"褒衣博带式"袈裟横在腹部然后向上搭在左肩上，而是横在胸部再向上搭在左肩，但是胸前依然留

有"U"字领，不过领口的深度要比"褒衣博带式"浅。

表2-4　　　　　　　　　　　南梁佛像袈裟样式

	造像	类型	年号	公历纪年	袈裟样式
1	比丘释法海造无量寿像	背屏	天监三年	504年	褒衣博带式
2	王州子造释迦像	背屏	天监十年	511年	褒衣博带式
3	蔡僧和造释迦立像	背屏	天监十五年	516年	褒衣博带式
4	康胜造释迦像	背屏	普通四年	523年	褒衣博带式
5	释迦坐像	已残	普通五年	524年	褒衣博带式
6	铜佛立像	背屏	大通元年	527年	褒衣博带演化式
7	比丘尼净□造释迦像	背屏	大通二年	528年	褒衣博带式
8	鄱阳王世子造释迦像	单体	中大通元年	529年	褒衣博带演化式
9	比丘晃藏造释迦像	背屏	中大通二年	530年	褒衣博带式
10	比丘释僧显造释迦像	背屏	中大通四年	532年	褒衣博带式
11	上官法光造释迦像	背屏	中大通五年	533年	褒衣博带式
12	石雕佛立像	单体	大同三年	537年	褒衣博带式
13	僧成造铜弥勒像	背屏	大同三年	537年	褒衣博带式
14	张元造释迦多宝像	背屏	大同十一年	545年	褒衣博带演化式
15	胡子达造佛像	背屏	中大同二年	546年	已残
16	铜佛立像	背屏	太清二年	548年	褒衣博带式
17	丁文乱造释迦多宝像	背屏	太清三年	549年	半披式、褒衣博带式
18	僧逸造阿育王像	单体	太清五年	551年	通肩式

（3）如果仅从带有明确纪年的佛像来看，第二阶段袈裟形式虽然在向古印度"通肩式"袈裟回归，甚至到了第二阶段的末期已经回归到了通肩袈裟，但是大部分佛像的袈裟披着方式还是"褒衣博带式"，仅有少数的"褒衣博带演化式""半披式"袈

裟。但是大量没有明确纪年的同一阶段的佛像，袈裟披着方式为"通肩式"，说明在第二阶段，南梁佛造像艺术开始逐渐抛弃本土艺术特点，积极吸收古印度佛造像艺术风格。

（4）这一阶段随着袈裟披着方式的变化，袈裟衣纹也随之出现了较大的变化。"褒衣博带式"袈裟的衣纹厚重、袈裟飘逸，但是通肩袈裟紧贴身体、勾勒出躯体的轮廓，而袈裟衣纹比较简洁，多呈现出平行的"U"字形。明显呈现出印度笈多时期秣菟罗艺术风格的特点。

（5）主尊佛及菩萨的面庞，基本上从"秀骨清像"向"面短而艳"转变，脸盘越来越丰圆，但是相当一部分的佛像依然还保留有削肩、体态修长的特征。

（6）在第一阶段出现的"蚕节纹"在第二阶段虽然也有出现，但是并不普遍。

（7）相较第一阶段，阿育王像是新出现的题材。这一题材应是源自印度，其全称应为"阿育王四女所造释迦牟尼像"[1]。从太清五年阿育王像来看，其风格应是源自于印度的佛造像艺术，但是并不是来自于同一个时代同一个风格。从造像的球形肉髻、波浪形发髻、嘴唇上的胡髭及通肩袈裟的样式看明显受到了贵霜时期犍陀罗风格（公元1—3世纪）的影响；[2] 但是从袈裟薄衣贴体、凸显躯体轮廓以及在胸前、腿部的U字纹看则是受到了笈多时期秣菟罗风格（公元5—7世纪）的影响。

3. 第二阶段佛造像艺术风格形成原因

南梁佛造像第二阶段的艺术风格特征，虽然延续了第一阶段

---

① 李玉珉：《萧梁佛教造像的印度化元素》，《南方民族考古（第十六辑）》2018年第1期，第160页。

② 李玉珉：《萧梁佛教造像的印度化元素》，《南方民族考古（第十六辑）》2018年第1期，第161页。

某些本土化的特点，但是在发展过程中还是融入了古印度佛造像艺术风格，最终完成了南朝佛造像艺术风格的第二次转变，同时第二阶段的佛造像数量也明显多于第一阶段。为什么会出现这些现象呢？

（1）南梁上层对于佛教的崇信

梁武帝统治时期，佛造像无论是在制作数量上、还是在雕刻水平上均为南朝170年间之最。这与统治者自上而下的崇佛、尤其是梁武帝的佞佛是密不可分的。南梁政权国祚56年，仅开国皇帝梁武帝萧衍就在位48年之久，之后的几任皇帝总共的统治时间也只有八年，且一直处于动荡之中，很快就被南陈取代了。因而，南梁文化、经济的繁荣时期均在梁武帝在位时期。社会的稳定、经济的繁荣、对外交往的频繁顺势造就了这一时期佛教造像艺术的辉煌！

梁武帝统治时期大肆扩建寺庙，据唐法琳《辩证论》记载，南齐之时仅有寺2015座、僧尼32500人，而到南梁之时有寺2964所、僧尼超过5万人。而唐道世《法苑珠林》记载"梁时合寺二千八百四十六座、译经二百四十八部，僧尼八万两千七百人"①，由此可见，梁武帝对于佛教的崇信。

而如此大力发展佛教的梁武帝，其家族早期却是一直信奉道教，包括梁武帝本人，在刚刚即位之初的几年，也是崇奉道教的。《隋书·经籍志》记载："（梁）武帝弱年好事，先受道法，及即位，独自上章，朝士受道者众。"在未称帝之前，萧衍便已与道教茅山宗创始人陶弘景交好，② 即位之后也曾命陶弘景为自己炼制丹药。事情的转变发生在天监三年，这一年发生了一件决

---

① 赖永海主编：《中国佛教通史（第2卷）》，江苏人民出版社2010年版，第37页。
② 汤其领：《陶弘景与茅山道的诞生》，《苏州大学学报》2003年第2期，第108页。

定性的事件，就是梁武帝"舍道事佛"！

这件事情在古籍中有诸多记载，但是不少有讹误。其中以唐道宣所著《广弘明集》中的记录最为准确，《广弘明集·卷四·舍事李老道法诏》："帝乃躬运神笔，下诏舍道，文曰'维天监三年十月八日，梁国皇帝兰陵萧衍稽首和南……弟子经迟迷荒，耽事老子，历叶相承，染此邪法。习因善发，弃迷知返，今舍旧医，归凭正觉……'于时帝与道俗二万人，于重云殿阁上手书此文，发菩提心"①，正式昭告天下"舍道事佛"。

虽然梁武帝在天监三年提倡佛教，但是并不是一帆风顺，遭遇到了群臣的阻力，梁武帝自天监年间开始，不断采取各种方法推行佛教，开水陆道场（天监四年）、组织讨论范缜的《神灭论》（天监六年）、为《大涅槃义疏》作序（天监八年）、推行以菜蔬取代荤肉祭祀宗庙（天监十二年）、自己从钟山草堂慧约受菩萨戒（天监十八年）等措施，前后近三十八年才终于完成了"舍道事佛"②。

纵观梁武帝在位期间，不但以佛教思想立为治国思想，而且为了达到推广佛教、使佛教为上层统治者及百姓接受，以帝王身份参与、组织佛事活动，极大地推动了佛教在中土的弘扬和发展。梁武帝的奉佛活动大致有以下几个方面③：

①组织译经　天监初年，梁武帝组织扶南沙门僧伽婆罗、曼陀罗及本国僧人法云、慧超等人翻译佛经，并于寿光殿、华林园、正观寺、占云馆及扶南馆等五处传译。

②亲自讲经　除了组织大规模译经活动，梁武帝还亲自讲经，

---

① 柏俊才：《梁武帝"舍道事佛"的时间、原因及其他》，《文学遗产》2016 年第 4 期，第 76 页。

② 柏俊才：《梁武帝"舍道事佛"的时间、原因及其他》，《文学遗产》2016 年第 4 期，第 77—82 页。

③ 赖永海主编：《中国佛教通史（第 2 卷）》，江苏人民出版社 2010 年版，第 111、114—115、118、119 页。

如天监三年（504 年）六月八日于重云殿讲经；中大通元年（529年）九月甲午日为四部大众开《涅槃经》题；中大通三年（531年）十月、十一月在同泰寺分别讲《涅槃经》义、《般若经》义；中大同元年（546 年）三月庚戌在同泰寺讲《金三字慧经》等。

③敕命僧官　梁武帝还插手僧界事务、任命僧官，先后任命法云为大僧正、慧超为僧正、天竺僧人法超为都邑僧正，甚至在大同年间，准备任命自己为"白衣僧正"，遭到了智藏的强烈反对方才作罢。

④严守戒律　梁武帝自己极其重视律学，据文献记载，梁武帝不止一次受戒，并且自己是严格地遵守戒律。

⑤舍身同泰寺　而梁武帝佞佛最为著名的事件就是"舍身同泰寺"。据《南史·梁本纪·武帝萧衍》记载，梁武帝共四次舍身同泰寺。[①] 同泰寺创建于大通元年（527 年），位置靠近宫城台城北门，为了方便进出，还在台城开了"大通门"[②]。梁武帝不仅四次舍身同泰寺，而且一些重大的佛事活动也是在此举行，因此说同泰寺是为皇家寺院，也不为过。[③]

第一次　"三月辛未，与驾幸同泰寺舍身。甲戌，还宫，赦天下，改元。"

第二次　"秋九月辛巳，朱雀航华表灾。癸巳，幸同泰寺……（秋九月）癸卯，群臣以前一亿万奉赎皇帝菩萨大舍，僧众默许……冬十月己酉……大赦，改元。"

第三次　"三月己巳，大赦。庚戌，幸同泰寺讲《金三字慧

---

① 许嘉璐主编：《二十四史全译·梁书》，汉语大词典出版社 2004 年版，第 161—162、163、170、171 页。

② 许嘉璐主编：《二十四史全译·南史》，汉语大词典出版社 2004 年版，第 161 页。

③ 武锋：《梁武帝舍身同泰寺的佛教渊源》，《南京晓庄学院学报》2013 年第 5 期，第 16 页。

经》，仍施身……夏四月丙戌，皇太子以下奉赎，仍于同泰寺解讲，设法会，大赦，改元。"

第四次 "三月庚子，幸同泰寺……夏四月庚午，群臣以钱一亿万奉赎皇帝菩萨，僧众默许……丁亥……大赦改元。"

表 2 - 5 梁武帝舍身同泰寺

次 数	时 间	公历纪年	经 过	赎 金
第一次	大通元年	527 年	创同泰寺、讲经义	
第二次	中大通元年	529 年	开《涅槃经》题	一亿万奉赎
第三次	中大同元年	545 年	讲《金三字慧经》	皇太子以下奉赎
第四次	太清元年	547 年	讲《金三字慧经》	一亿万奉赎

南梁佛寺的增多，自然带动了造像活动，大量的佛造像在这一时期被雕刻出来，《南史·梁武帝纪》中记载，梁武帝为同泰寺先后"铸十方银像""铸十方金铜像"[1]；《高僧传·兴福篇》记载，梁武帝为小庄严寺铸造丈八无量寿像，先后敕给四万三千金铜，[2] 由此可见，梁武帝时期造像规模之庞大。且当时南梁都城建康本身就是江南佛教中心之一，皇家寺院众多，寺院之内的佛造像雕刻艺术水平是极高的，因此学术界众多学者认为，建康应是萧梁时期佛造像的制作中心。但遗憾的是，目前在南京发现的带有萧梁明确纪年的佛造像极为稀少，因而我们现在无法直观感受到当时的佛造像艺术，也为研究萧梁时期南京地区乃至整个长江流域的佛造像艺术风格的变化带来了困难。

---

① 许嘉璐主编：《二十四史全译·南史》，汉语大词典出版社 2004 年版，第 166、167 页。

② （梁）释慧皎撰，汤用彤校注：《高僧传》，中华书局 1992 年版，第 493 页。

值得庆幸的是，长江上游的成都地区出土了相当数量的带有明确纪年的萧梁时期造像。为研究萧梁时期佛造像艺术风格的演变及传播路线提供了大量的珍贵资料。

（2）古印度佛造像艺术的再传入

南梁佛造像艺术第二阶段明显受到了古印度佛造像艺术的影响，逐渐改变了"褒衣博带、秀骨清像"的本土化风格。而此时的古印度正处于笈多王朝时期，笈多时期是印度艺术的黄金时期，在宗教、哲学、艺术等古典文化全面繁荣的时代，将印度古典文化推向了巅峰。[①] 佛造像艺术也是其中的一部分，我们先来了解一下印度佛造像艺术的特点。

佛教造像艺术起源于古印度地区，公元 1—3 世纪贵霜王朝（Kushans Dynasty）统治下的犍陀罗（Gandhara）和秣菟罗（Mathura）几乎同时诞生了佛教造像艺术。前文提到从东汉开始直至南梁天监年间，我国的佛造像艺术风格都受到了犍陀罗艺术的影响。但是随着公元 3 世纪中叶贵霜帝国的衰落，犍陀罗艺术也随之衰落，[②] 可是犍陀罗艺术的生命力是非常顽强的，在公元 3—5 世纪依然影响着周边的阿富汗、迦湿弥罗等地的佛造像艺术，甚至在我国盛唐时期的个别造像上，还能见到犍陀罗艺术的身影，[③] 但是此时犍陀罗艺术已经失去了往昔的地位，尤其从公元 5 世纪中叶开始，对我国佛造像艺术风格的影响力在减弱。南

---

① 王镛：《印度美术》，中国人民大学出版社 2017 年版，第 155—156 页。

② 由于史料的匮乏，关于贵霜帝国的衰落与灭亡，目前还是学术界争论的焦点。其衰落时间大体在公元 240—270 年，贵霜帝国最后的灭亡，应是在公元 460 年，嚈哒人完全占领中亚的时候。因此，贵霜时期的犍陀罗艺术与其国家兴衰基本一致，公元 3 世纪中叶之后，由于犍陀罗地区归属于萨珊波斯，犍陀罗艺术进入后犍陀罗时代，风格有所差异，因此本书所说犍陀罗艺术均指其前期。——笔者注

③ 现藏于美国哈佛大学美术馆的天龙山石窟第 21 窟的释迦牟尼坐像，属于盛唐时期。佛像球形肉髻、旋涡发髻是明显是受到了犍陀罗艺术的影响；黄春和：《汉传佛像时代与风格》，文物出版社 2010 年版，第 98 页。

梁时期第二阶段佛造像艺术风格更多的是受到了笈多时期秣菟罗风格和萨尔纳特风格（Sarnath）的影响。[①]

公元320年，笈多王朝（Gupta Dynasty）兴起于印度东北部的摩揭陀，成为继贵霜帝国之后又一个强大的帝国。而笈多时期也是印度佛教艺术的鼎盛时代，约在公元5世纪中叶，诞生了秣菟罗和萨尔纳特两种佛教艺术风格。[②]

笈多时期秣菟罗佛造像风格的特征[③]（图2-21）：

①出现了螺发，鹅蛋形脸，双眼微睁。

②袈裟以通肩式为主，薄衣贴体。

③袈裟衣纹表现方式为仿泥条堆塑法，衣纹高于袈裟表面。

笈多时期萨尔纳特佛造像风格的特征（图2-22）：

图2-21 佛立像 笈多时期

图2-22 佛立像 笈多时期

---

① 费泳：《南北朝时期佛教造像传播格局的转变》，《敦煌研究》2004年第2期，第43页。

② 王镛：《印度美术》，中国人民大学出版社2017年版，第163、165、175页。

③ 费泳：《汉唐佛教造像艺术史》，湖北美术出版社2009年版，第45页。

①发髻也是螺发，圆脸，双眼微闭下垂。

②袈裟为通肩式袈裟，袈裟通体不做任何衣纹，仅在领口和袈裟下摆做凸起楞条。

③佛像袈裟紧包裹住躯体，凸显躯体的轮廓，且袈裟薄衣贴体，如同透明一般，被称为"裸体佛像"①。

从目前发现的带有明确纪年的南梁时期佛造像来看，或多或少都带有印度笈多时期佛造像艺术特征。而南梁造像，无论是金铜造像还是石雕造像，基本上集中在了今天的南京和成都一带。建康——南朝四个王朝的都城，政治与文化中心；益州——南朝战略、经济重镇，在南梁时期更是如此。且两地佛造像艺术都受到了印度笈多佛教造像艺术的影响。问题来了，笈多时期佛造像艺术是如何同时传入到直线距离相隔1400多公里的两地呢？

可能大家认为，我国古代与印度之间的交通线，就是丝绸之路，也就是张骞凿空西域之路，从长安出发、途经河西走廊过西域进入中亚，然后再进入印度；反之亦然，到达长安后再从长安向东、向南。首先，在后三国时代，由于这条线路要通过被西魏、北周控制的敦煌至长安，才能到达南梁，因此印度佛教造像艺术从这条路线穿入建康、益州的可能性很小；其次，我国古代对外交通路线并非仅此一条，早在汉代就并存四条对外交通路线，这也就是我们说的广义丝绸之路：绿洲丝绸之路（亦称沙漠丝绸之路，下文简称为"绿洲丝路"）、草原丝绸之路（下文简称为"草原丝路"）②、海上丝绸之路（下文简称为"海上丝路"）和南方丝绸之

---

① 王镛：《印度美术》，中国人民大学出版社2017年版，第178页。

② 杜晓勤：《"草原丝绸之路"兴盛的历史过程考述》，《西南民族大学学报》2017年第12期，第1—2页。

路（亦称西南丝绸之路，下文简称为"南方丝路"）。①

　　现在学者研究认为，公元5—7世纪的时候，除了草原丝路，其余三条丝路都成为了中、印之间交流的交通线路。南梁与印度之间的交流也是通过这三条道路，可刚刚提到绿洲丝路大部分被西魏、北周控制，印度佛教艺术又是如何通过绿洲丝路抵达南梁的呢？我们所熟知的这些丝路，都是主干线，每一条丝路在不同的时代都有很多的分支路线，绿洲丝路尤其多。我们来看一下，南梁时期与印度之间是如何联系的。

　　绿洲丝路：南梁要想走这条路线到达印度，已经无法按两汉时期先入中原、再走河西走廊入西域这条路了，只能另辟蹊径，因此这个时候"河南道"使用得就较为频繁了。所谓"河南道"，是绿洲丝路众多分支当中的一条，其作用就是连接河西走廊与益州而避开中原。之所以叫作"河南道"，是因为曾经控制这一地区的西秦王乞伏乾归、乞伏炽盘先后被前秦、东晋刘裕封为"河南王"，而当西秦灭亡后，公元5—7世纪控制这条路的则是吐谷浑，刘宋也就改封吐谷浑王为河南王，其国名也称"河南国"，所以这条路被称为"河南道"②。

　　"河南道"③是连接今天成都平原到河西走廊或昆仑山北麓的一条交通要道，以此来躲过动荡的中原地区。它的起点就是当时的益州郡即今天的成都市，主路径是过郫县、都江堰、汶川、松潘至川主寺，然后由川主寺至卡贝古城，之后溯白龙江而上经

---

　　① 宋蜀华：《论西南丝绸之路的形成、作用和现实意义》，《中央民族大学学报》1996年第6期，第6页。

　　② 陈良伟：《丝绸之路——河南道》，中国社会科学出版社2002年版，第9页。

　　③ "河南道"自成都至若羌或敦煌之间又分为四部分，即：西蜀分道、河南分道、柴达木分道与祁连山分道。不同时期各分道又有着不同的路径，本书仅为说明南梁时期，南梁与印度之间的交流通道，并不详细探讨"河南道"。因此仅简述这条路的主体路径，不赘述细分的路径。后文中的南方丝路、海上丝路亦是如此。——笔者注

吐谷浑控制的河南道，到吐谷浑的都城伏俟城，之后进入柴达木盆地，再由柴达木盆地进入若羌或河西走廊的敦煌。这样就并入到绿洲丝路上，过西域、中亚到达印度。这条路线是自东晋以降，长江以南地区与西域、印度往来的重要通道之一。而无论是贵霜王朝时期还是笈多王朝时期的佛造像艺术风格就通过这条路线传入到了成都地区。①

南方丝路：同样以成都作为起点的丝路还有一条就是南方丝路，而这条路向北可以与"河南道"相连进入河西走廊与西域、走金牛道与米仓道抵长安或天水。南方丝路在官方文献的记载，最早见于《史记》，但并不是说它的存在是从西汉开始，而是更为久远。

在西汉时期，首先注意到这条路的还是张骞，《史记·大宛列传》记载："骞曰'臣在大夏时，见邛竹杖、蜀布。问曰：安得此？大夏国人曰：吾贾人往市之身毒。身毒在大夏东南可数千里。……以骞度之，大夏距汉万两千里，居汉西南。今身毒国又居大夏东南数千里，有蜀物，此去蜀不远矣。"② 大夏，今阿姆河下游阿富汗东北地区，身毒即印度。张骞认为，既然蜀可通身毒，身毒又可前往大夏，这条路就可以躲开匈奴人和羌人的袭扰。但是，张骞仅是分析出这条路，而具体走法却不知道。因此，汉武帝派遣张骞前往西南寻找这条道路。可是《史记》《汉书》等史书对此次出使都是言语简略，没有为我们留下更多的信息。③

---

①　陈良伟：《丝绸之路——河南道》，中国社会科学出版社 2002 年版，第 57、136、190、214 页。

②　许嘉璐主编：《二十四史全译·南史》，汉语大词典出版社 2004 年版，第 1474 页。

③　龚伟：《〈史记〉〈汉书〉所载"西夷西"道覆议——兼论汉代南方丝绸之路的求通》，《四川师范大学学报》2018 年 3 月，第 163 页。

从四川通往印度的这条道又被称为"蜀身毒道",身毒即印度。在我国境内也分为三段:第一段是"五尺道":从成都出发经过今天四川宜宾、云南昭通到达滇池一带,之后向西至洱海;第二段是"灵关道":由成都向西南过大渡河天险,通过灵关到今天的西昌,再渡过鸦砻江至洱海一带;第三段是"永昌道":五尺道和灵关道最终都是连接到永昌道,即从洱海至今天的大理,越过博南山、渡澜沧江至保山,经腾冲入缅甸,之后再由缅甸进入印度。①

由于南方丝路一直不属于官方控制的道路,因而官方使团几乎不见于文献记载,更多的是民间的贸易往来,从而带动了中外的文化交流。早在3000年前的商代晚期,古蜀就已经通过这条丝路与印度、东南亚等地有了物品交易,在广汉三星堆遗址、成都金沙遗址都出土有产自东南亚海域的贝壳。②

海上丝路:古印度佛造像艺术风格传入南梁的路径,除了两条陆上丝绸之路外,还有一条重要的路线,就是海上丝绸之路。我国的东南沿海地区是古代东方海洋文明的重要发源地之一,早在旧石器时代晚期就与东南亚等地区建立了联系。③ 我国古人何时能扬帆远航呢?根据目前的学术研究表明,在两汉时期,中央王朝的使节已经可以到达今天的印度河斯里兰卡了;东汉时,古罗马人也通过海路到达了都城洛阳。④ 我们可以看到,作为古代东、西方之间的贸易要道——海上丝路在两汉时就已经出现了。随着造船技术、航海技术的不断提高,海上丝路日渐繁忙,而南

---

① 宋蜀华:《西南丝绸之路的形成、作用和现实意义》,《中央民族大学学报》1996年第6期,第6—7页。

② 张弘、林昌:《试从南丝路沿线出土海贝探求古蜀海贝的由来》,《兰台世界》2009年第11期。

③ 李庆新:《海上丝绸之路》,五洲传播出版社2006年版,第7页。

④ 石云涛:《三至六世纪丝绸之路的变迁》,文化艺术出版社2007年版,第411页。

梁由于是南朝中相对稳定、繁荣的一个时期，因而此时印度与南梁之间的联系，海上丝路便成了一个很好的选择。

南梁通过海上丝路与东南亚、南亚诸国有着密切的往来，而其都城建康也就是今天的南京，是诸国的目的地。而广州则是诸国沿我国东南海岸线北上的中转站，同时也是当时海上丝路的起点（或终点）。①从广州如何能抵达印度呢？由广州出发至日南寿灵浦口（今越南岘港），再前往扶南（疆域包括今天柬埔寨全境、老挝南部、越南南部、泰国东南部）的典逊（今马来半岛北部东端），然后前往句稚（今马来半岛西部），从句稚穿过马六甲海峡可抵达狮子国（今斯里兰卡），从狮子国即可前往印度的不同地方。②

从文献记载以及考古发掘都可以证明，在南梁时期，无论是官方使者还是民间贸易往来，上述三条丝路都起到了不同的作用。

河南道，自东晋开始，就是佛教文化交流重要交通线路之一，不仅我国僧人西去取经，同时印度等地的僧人来华传法，陆路多走河南道。十六国时著名高僧法显③以及北魏宋云、惠生④西行，均是从长安出发插河南道再入河西走廊；刘宋元嘉年间，大量的外国僧人通过河南道到达了长江流域，如北印度僧人昙摩密多、天竺僧人僧伽跋摩；南梁天监二年，康国僧人释明达都是经西域转河南道抵达成都。⑤

---

① 费泳：《南朝佛造像研究》，硕士学位论文，南京艺术学院，2001年，第48页。

② 石云涛：《三至六世纪丝绸之路的变迁》，文化艺术出版社2007年版，第439—440、447页。

③ （东晋）法显著，田川译注：《佛国记》，重庆出版社2008年版，第33页。

④ （东魏）杨衒之著，尚荣译注：《洛阳伽蓝记》，中华书局2012年版，第438—439页。

⑤ 陈良伟：《丝绸之路——河南道》，中国社会科学出版社2002年版，第308、309、312页。

由于公元460年左右，嚈哒人占据了犍陀罗地区，并攻打笈多王朝并占领了西印度与北印度，势力深入到了昆仑山北麓。①由于嚈哒人控制了中亚及西域，因此虽然河南道畅通，但是古印度地区经中亚、西域进入河南道变得困难起来。因此我们发现在南梁时期由河南道入江南的外国使团、高僧逐渐变少，他们转而走南方丝路及海上丝路。

　　南方丝路，由于这条道路一直不为各王朝中央政权所控制，因而文献虽有记载，但是较为简略，如《后汉书·南蛮西南夷传》记载"掸国（今缅北）西南通大秦"，而掸国曾遣使前往洛阳，②同时又能通往古印度地区，是南方丝路的一个部分。可是古代典籍文献上并没有明确的古印度地区僧人通过南方丝路进入我国的记载。虽然如此，但不能否认南方丝路是中、印文化尤其是佛教文化交流的通道之一，我国目前最早带有明确纪年的佛像以及大量带有明确纪年的南梁佛造像均是出自于重庆、成都，且四川地区有不少东汉时期的佛教造像遗迹，③都将佛教传入长江流域尤其是上游地区的路线指向了南方丝路。

　　海上丝路，南梁时期海上丝路是古印度地区僧人来华传教的主要路线。梁普通二年（521年），南天竺僧人菩提达摩经海路抵广州传教；④《续高僧传·卷一》记载西天竺僧人拘那陀罗（真谛）从海路于大同十二年八月（546年）抵达南海，之后北上建康。⑤此时不仅仅是僧人通过海路来到南梁，他们与东南亚

　　①　[俄] B. A. 李特文斯基主编：《中亚文明史（第三卷）》，马小鹤译，中国对外翻译出版公司2003年版，第113页。

　　②　许嘉璐主编：《二十四史全译·后汉书·第二册》，汉语大词典出版社2004年版，第1724页。

　　③　费泳：《汉唐佛教造像艺术史》，湖北美术出版社2009年版，第53页。

　　④　石云涛：《三至六世纪丝绸之路的变迁》，文化艺术出版社2007年版，第426页。

　　⑤　（唐）释道宣：《四朝高僧传·续高僧传·卷一》，中华书局2018年版，第45页。

诸国使臣前往南梁的时候还带有大量的佛像。南梁之时，南传佛教的中心已然从狮子国（斯里兰卡）转移到了扶南国。① 《梁书·诸夷传·扶南国》记载："天监二年……跋摩复遣使送珊瑚佛像""（天监）十八年，复遣使送天竺旃檀佛瑞像……"②

随着古印度地区及东南亚地区的高僧、商旅、使团通过三条丝路来到南梁，不仅带来了不同的物产、佛教文化的交流，更是将古印度笈多时期佛造像艺术一并传入了我国。对南梁时期尤其是普通元年至大宝二年这20年间的佛造像艺术产生了重大影响。

同时我们还要注意到，中、印之间的三条丝绸之路并非各自孤立存在，而是在同时空内相互关联的，成都同时是河南道与南方丝路的起点（终点），因此这也是为什么成都可以与南京并为南梁佛造像艺术最为发达的两个地区之一，同时很多高僧也是通过河南道先抵达成都再前往南京的。由于成都的特殊地理位置，它也就成为笈多佛造像艺术北传的起点。

当笈多佛造像艺术传入南梁后，是否能够马上被世人所接受，南梁佛造像艺术风格能否从本土的"褒衣博带、秀骨清像"立刻转变呢？答案是否定的，通过前文对南梁第二阶段佛造像的介绍，我们发现，第二阶段本土化风格造像比例依然很高，说明当时国人在接受印度笈多佛造像艺术时经历了一个过程，而在这次佛造像艺术风格转变过程中，南梁人物画绘画则成为二者的媒介。

（3）"张家样"的出现

当笈多佛造像艺术传入南梁之时，首先影响的不是佛造像艺术而是南梁的人物画艺术，其中的代表人物就是画家张僧繇。张僧繇，吴中人（今苏州），生卒年不详，主要活跃于公元5世纪

① 费泳：《南朝佛造像研究》，《南京艺术学院》2001年5月，第48页。
② 许嘉璐主编：《二十四史全译·梁书》，汉语大词典出版社2004年版，第712—713页。

末至 6 世纪上半叶，恰好是南梁王朝时期。他在天监年间曾任武陵王国侍郎、直秘阁，知画事，后又升任右军将军、吴兴太守。①与其他画家不同，张僧繇是一位负责掌管宫廷绘画事务及书画收藏的官僚画家，整整影响了梁武帝一朝。②

　　张僧繇的人物画造型有两类，一类是以在建康活动的天竺僧人为模特或者是以西域佛教画为摹本的佛教人物画，另一类则是张僧繇理想化的人文画，同时梁武帝还命张僧繇为大量佛寺绘制壁画。唐代许嵩著《建康实录》记载："置一乘寺寺门遍画凹凸花，代称张僧繇手迹，其花乃天竺遗法，朱及青绿所成远望眼晕如凹凸，就视及平，世咸异之，乃名凹凸寺。"③ 我们从这则记录中，可以知道张僧繇在一乘寺绘制的图案给人一种视觉上的"凸凹"感，也就是立体感。而这种技法源自于印度绘画技法"凸凹法"，所谓"凸凹法"就是在图案轮廓线内，通过深浅不同的色彩晕染等方式，构成色调层次的明显变化，产生类似于浮雕式凸凹的立体感。④ 在印度最具代表性的就是阿旃陀石窟绘制于公元 450—650 年间的壁画。⑤说明张僧繇已经接受了印度笈多时期绘画艺术的风格与技法，因此张僧繇所绘人物造型逐渐脱去了南朝初期那种清秀的样式，一改陆探微以来的"秀骨清像"的画风，转而形成了体貌丰腴的造型。⑥

　　宋代米芾所做《画史》记载"张笔天女宫女面短而艳"⑦，

---

　　① （唐）张彦远著，俞剑华注释：《历代名画记》，上海人民美术出版社 1964 年版，第 150 页。

　　② 余晖：《秀骨清像——魏晋南北朝人物画》，故宫出版社 2015 年版，第 76 页。

　　③ （唐）许嵩撰，张忱石点校：《建康实录》，中华书局 1986 年版，第 686 页。

　　④ 王镛：《印度美术》，中国人民大学出版社 2017 年版，第 215 页。

　　⑤ 王镛：《印度美术》，中国人民大学出版社 2017 年版，第 194 页。

　　⑥ 金维诺：《中国美术史——魏晋至隋唐》，中国人民大学出版社 2014 年版，第 216 页。

　　⑦ （宋）米芾撰，刘世军、黄三艳校注：《〈画史〉校注》，广西师范大学出版社 2020 年版，第 14 页。

因此张僧繇的绘画风格通常概括为"面短而艳",并成为南梁时流行的一种样式,被奉为"张家样"。"面短而艳",是与"秀骨清像"对应的,一般是指人物面部圆润丰盈、体态丰满。① 张僧繇当时绘制了很多佛教人物画,如《维摩诘像》《定光佛像》《醉僧图》等,② 但是非常遗憾的是,他的画作没有一副流传于世,今天的我们只能通过一些后世的摹本,③ 来感受他的画风。

而我国古代的雕塑风格一般都会与绘画风格相一致,因此"面短而艳"这一绘画风格自然也就影响到了同时期的佛造像艺术,金维诺先生认为,成都万佛寺遗址出土的中大通五年上官法光造释迦像和中大同三年造观音立像,都体现出了"面短而艳"的特点。④ 所以我们在南梁佛造像第二阶段的造像上,无论是佛像还是菩萨像,都感受到了"面短而艳"的特征,这也是受到了笈多时期佛造像艺术的影响。

(4)文化思想的变迁

早在魏晋时期,玄学逐渐替代了儒学,成为那个时代的显学。玄学之名,取自《老子》"玄之又玄,众妙之门"⑤。而魏晋时期的画家们将玄学的审美带入到了人物画的创作之中,特别注重人物的风度仪容和神气。⑥ 而此时的佛教还不为中国人所接受,为了自身

---

① 江梅:《六朝美术中人物审美的演变——从"秀骨清像"到"面短而艳"》,《东南文化》1993 年第 5 期,第 195 页。

② (唐)张彦远著,俞剑华注释:《历代名画记》,上海人民美术出版社 1964 年版,第 152 页。

③ 日本大阪市立美术馆藏有一幅张僧繇《五行二十八宿神形图》的摹本,上有唐代梁令瓒的款。故宫博物院的余晖老师认为实为宋摹本。故宫博物院也收藏有一幅南宋同名摹本。余晖:《秀骨清像——魏晋南北朝人物画》,故宫出版社 2015 年版,第 79 页。

④ 金维诺:《中国美术史——魏晋至隋唐》,中国人民大学出版社 2014 年版,第 217 页。

⑤ 许凌云、许强:《中国儒学通论》,广东教育出版社 2002 年版,第 131 页。

⑥ 许祖良:《魏晋南北朝绘画与玄学、佛学思想》,《江苏省美术学会 2014 年年会暨学术研讨会论文集》,第 162 页。

的发展就与玄学紧密结合，因此就将玄学的审美观带入到了佛教造像之中，进而形成了"秀骨清像、褒衣博带"的风格特征。

至南梁时期，除了侯景之乱，南梁有着将近五十年的稳定时间，此时社会稳定、经济发展，人民生活安定，在文化思想上逐渐出现了变化，就是玄学衰落、儒学重新成为显学。佛教在经历了两百多年的发展、传播，加之五十年的安定时期，开始被国人所接受视为一种独立的宗教信仰。佛教也就不再用依附中国传统文化传播了，也就摆脱玄学恢复了自身的面貌，追求圆润通达，故而"秀骨清像"也就不再符合佛教的审美，恰在此时张僧繇形成了"面短而艳"的绘画风格，马上就取代了"秀骨清像"的人物风格。

三　南梁时期第三阶段

南梁佛造像艺术的第三阶段，正是南梁风雨飘摇的时期。南梁大宝三年（亦即太清六年，萧绎仍奉太清年号，552 年）冬十月，湘东王萧绎在江陵即位，同年改年号为"承圣"①，承圣三年（554 年）十一月，西魏军队攻破南梁都城江陵，梁元帝被擒，次年被杀。梁元帝萧绎被杀之后的第二年，陈霸先在建康迎立元帝第九子萧方智为帝。太平二年（557 年）冬十月，萧方智将皇位禅让于陈霸先，南梁亡。② 当梁元帝即位之时，南梁的汉中已被西魏夺取，西魏废帝二年（553 年）三月，西魏尚书左仆射尉迟迥统兵南下进攻益州，八月，经过苦战西魏军队攻克益州，全蜀之地尽归西魏。③

---

① 许嘉璐主编：《二十四史全译·梁书》，汉语大词典出版社 2004 年版，第 102、112 页。

② 许嘉璐主编：《二十四史全译·梁书》，汉语大词典出版社 2004 年版，第 195、197 页。

③ 陈峰韬：《后三国战争史：从北魏分裂至隋灭南陈》，台海出版社 2018 年版，第 440、445 页。

从承圣元年到南梁灭亡，只有短短的七年，此时的南梁经侯景之乱后，政权更迭频繁，始终处于战争状态，建康城破败不堪，经济凋敝。南梁已经没有精力、人力以及财力再大肆建寺、造像，因此目前无论是南京还是成都都没有见到带有这一时期年号的佛造像。可是在成都出土有这一时期的带有北周纪年的佛造像。前文提到，虽然西魏、北周占领了益州，但是他们的文化、艺术水平都落后于南梁，因此这些造像风格依然延续了南梁佛造像的风格。虽然是西魏、北周时期制作的造像，但是依然反映的是南梁第三阶段佛造像的特点。

1. 第三阶段佛造像实例

在成都出土的第三阶段带有明确纪年的造像都是石雕造像，共有五件，其中佛像三件、菩萨像两件。

图 2 - 23　陈□奉造释迦□□像

"天正三年陈□奉造释迦□□像"[1]（图2 - 23）。这件造像2014年出土于成都下同仁路，为红砂岩雕琢的一铺九身背屏式造像，上半部残缺，残高26.5厘米、基座宽27厘米。造像为两佛、三弟子、四胁侍菩萨，主尊佛为二佛并坐，两佛头

---

① 成都市文物考古研究所：《成都市下同仁路佛教造像坑及城市生活遗址发掘报告》，文物出版社2017年版，第60页。

部、双手都已缺失。右侧佛内着僧祇支、外披褒衣博带式袈裟；左侧佛披通肩袈裟，头后能看到有一个莲花形头光；二佛结跏趺坐坐于仰莲莲台之上。二佛背后站立三弟子，中间弟子双手合十，两侧弟子内着僧祇支、外披垂领式袈裟。两侧弟子外侧各有一胁侍菩萨，在此菩萨前还站立一菩萨，右侧的两个菩萨完全残损，左侧两菩萨保存略微完好。左侧弟子身旁的菩萨，头部残缺，肩披帔帛，右手抚一球形物；其身前菩萨，肩披帔帛，帛带在腹部交叉反向敷搭在肩上。造像最下方是一个矮基台，基台中间是一个覆钵形物，向上伸出两枝莲枝各托起一个莲台，覆钵形物两侧各有一个护法的狮子，狮子外侧又各有三个伎乐。背屏上半段残缺，背屏后面有题记"天正三年岁次甲戌□□弟子陈□奉造释迦□□一躯……"。

从二佛并坐的形式，加之题记中又有"造释迦□□一躯"，推测残缺的两字应是"多宝"，所以这是一尊当时常见的题材"释迦多宝并坐说法"。从两佛袈裟披着方式上延续了第二段同题材造像的特点，即一个是典型的本土化方式"褒衣博带式"，而另一个明显是源自笈多秣菟罗风格的"通肩式"袈裟。从残存的造像躯体看，无论是主尊佛还是胁侍菩萨，均摆脱了本土化"秀骨清像"的特点，形态较为圆润。

题记中的纪年"天正三年"，即公元553年。"天正"是南梁益州刺史、梁武帝八子萧纪的年号，[1] 大宝二年（551年）萧纪称帝，改年号"天正"，仅一年败亡。公元553年三月，西魏攻占益州。因此这三年是较为混乱的时期，所以益州人依然沿用了萧纪年号，西魏攻占益州后就不再使用。

"赵国公造阿育王像"[2]（图2-24）。这件造像是1937年在

---

① 许嘉璐主编：《二十四史全译·梁书》，汉语大词典出版社2004年版，第748页。

② 刘志远、刘廷璧编著：《成都万佛寺石刻艺术》，中国古典艺术出版社1958年版，第3页。

图 2-24 阿育王像

万佛寺遗址出土的。造像为红砂岩雕琢的单体圆雕造像，残高132厘米。头部、两小臂及双足缺失，身披通肩袈裟，衣纹自胸前至双腿间形成 U 字形，袈裟紧贴躯体，下身着裙，袈裟及佛衣下摆自然下垂。袈裟的披着方式及衣纹的处理手法上，明显是受到了印度笈多秣菟罗风格的影响。

造像背面的题记为"□州总管赵国公招敬造阿育王像一躯"[①]。题记中提到的"赵国公招"，应是周文帝宇文泰之子宇文招，周明帝宇文毓武成初年（557 年）晋封为赵国公，周武帝宇文邕保定年间（561—565 年）出任益州总管。[②] 所以这件阿育王像应是宇文招任益州总管时在成都所造。

这件阿育王像在出土的时候也是没有头部的，《成都万佛寺石刻艺术》一书中该像图片中的头部[③]是随意找的一个佛头安上去的，二者并非同一雕像的两个部分。[④]

---

① 袁曙光：《四川省博物馆藏万佛寺石刻造像整理简报》，《文物》2001 年第 10 期，第 23 页。

② 许嘉璐主编：《二十四史全译·周书》，汉语大词典出版社 2004 年版，第 151、153 页。

③ 刘志远、刘廷壁编著：《成都万佛寺石刻艺术》，中国古典艺术出版社 1958 年版，图版 9。

④ 袁曙光：《四川省博物馆藏万佛寺石刻造像整理简报》，《文物》2001 年第 10 期，第 21 页。

"天和四年车远达造释迦像"①。这件造像是四川博物院收藏的一尊单体圆雕造像，保存较为完好。造像肉髻低矮、螺发、面庞丰满圆润；内着僧祇支、外披袈裟，右手施无畏印、左手施与愿印，腿结跏趺坐坐于须弥座上。须弥座下端有两个方龛，其内各有一个狮子，另外三面均有题记。背面题记中有"天和四年岁次己丑……车远达造释迦一躯……"。从所刻题记可知，车远达为北周征东将军右金紫光禄都督，北周征东将军为八命，② 属于高级军官。这尊造像，车远达是为了其父车佰猥、母彭真珠、妻韦凤皇、亡弟车显周而做。从题记中分析车远达祖籍有可能在相州（今天河南安阳一带），他应是入蜀的北周将领。因此这尊造像明显有着北周时期造像风格，应是南北造像风格相融合的杰作。

2. 第三阶段佛造像艺术风格特点

虽然第三阶段带有明确纪年的造像数量较少，但是也可以分析出这一阶段佛造像艺术风格的大致特点。

（1）这一阶段仅有"天正三年陈□造释迦□□像"是背屏组合式造像，其余四尊造像，无论是佛像还是菩萨像皆为单体圆雕造像，说明这一阶段背屏组合式造像已经逐渐退出历史舞台。

（2）同样，也仅有"天正三年陈□造释迦□□像"为坐像，其余四尊造像皆为立像，这与北周时期造像很是类似。

（3）在袈裟披着方式上，较为罕见地出现了"褒衣博带式"，但是其余佛像袈裟都是印度通肩式。

3. 第三阶段佛造像艺术风格特点形成原因

第三阶段佛造像艺术风格基本上延续了第二阶段的特点，但

---

① 袁曙光：《北周天和释迦造像与题记》，《四川文物》1999 年 2 月，第 49 页。

② 俞鹿年编制：《中国官制大辞典》，黑龙江人民出版社 1992 年版，第 1385 页。

由于此时益州处于北周管辖,大量北周的官员、士兵入蜀,因而将北周时期佛造像艺术风格也带入到了成都,因此我们看到了更多的单体圆雕造像。

这一阶段的政权更迭,社会动荡,进而也影响了中、印之间的交流,此时外籍僧侣来华明显减少。北周武成初年(557年)犍陀罗僧人阇那崛多经中亚、西域、河南道北段到达了长安。这也是文献记载中南北朝最后一位利用河南道进入中原的僧侣。①虽然中、印间的交流减少,但是第二阶段中所体现的印度笈多秣菟罗风格依然延续,这也是第三阶段造像带有明显笈多秣菟罗风格的原因。

"天正三年陈□造释迦□□像"是值得再次探讨的造像,它的制作时间是"天正三年"即公元553年,这一年西魏占领了益州。从时间上看,正好处于第二阶段与第三阶段的分界点上,但从风格上看更多的是延续了第二阶段。

小　结

从目前披露的带有明确纪年的南梁时期佛造像可以看到,南梁时期佛造像经历了本土化风格向印度笈多风格的转变,在转变的过程中除了吸收印度笈多时期艺术风格特征,同时也将本土化的一些特征融入造像中,但总体造像风格还是趋向于笈多时期佛造像艺术。

引起佛造像风格转变的因素是多方面的:政治上,统治阶层的好恶对于佛教及其造像艺术的发展有着至关重要的作用;文化交流上,印度笈多艺术通过三条丝绸之路传入到江南地区;文化

---

① 陈良伟:《丝绸之路——河南道》,中国社会科学出版社2002年版,第313页。

思想上，玄学的衰落使儒学再度成为显学以及佛教摆脱玄学成为独立宗教；艺术吸收上，南梁本土画家首先吸收了外来艺术风格，进而影响到雕塑艺术包括佛造像艺术的风格。综合多种因素，最终呈现在我们面前的则是融合了外来艺术与本土文化的南梁佛造像艺术！

第三章　后三国时代之西魏—北周佛造像艺术风格特征及其形成原因

　　西魏—北周两朝在后三国时代，无论是经济还是文化都要落后于南梁与东魏—北齐，加之政治因素，导致西魏—北周时期佛造像遗存总体数量是三方最少的，造像风格的变化相对于东魏—北齐而言，没有那样剧烈、彻底，尤其是西魏。

　　北魏中兴二年（532 年）四月，高欢入洛阳，废元朗，立武穆王元怀第三子元修为帝，同年改年号"太昌"①。随后高欢剿灭尔朱荣势力，完全控制了北魏。永熙三年（534 年），元修与高欢的矛盾愈发激烈，这年的七月，元修逃奔长安，投靠宇文泰。高欢则在洛阳迎立清河文宣王元亶十一岁的儿子元善见为帝，改年号"天平"。同年十一月，元善见迁都邺城，北魏亡，史称东魏。② 后三国时代开启！

---

① 许嘉璐主编：《二十四史全译·魏书·第一册》，汉语大词典出版社 2004 年版，第 222—233 页。
② 许嘉璐主编：《二十四史全译·魏书·第一册》，汉语大词典出版社 2004 年版，第 222 页。

第一节 西魏—北周时期佛造像遗存

西魏—北周时期的佛造像遗存与南梁和东魏—北齐明显不同，带有明确纪年的石雕造像、金铜造像数量非常少，但是由于今天的河西走廊、陇东地区属于西魏—北周管辖，而这条丝路上石窟较为密集，因此这一时期的石窟造像数量是三方中最多的。而且西魏—北周还有一个种类的遗存比南梁要多，那就是造像碑，南梁造像碑数量很少。但是造像碑的特点是面积有限、雕刻内容较多，造像碑上的造像尺寸一般都不大，加之风化比较严重，因此很难反映出佛造像艺术的时代特征。所以在探讨这一时期佛造像风格时，主要是以石窟造像为主，辅以造像碑、石雕、金铜造像。

一 造像碑遗存

造像碑最早出现在古印度，但我国造像碑自有渊源，其是将印度佛教艺术与我国传统的碑碣形式结合，同时也是佛教思想与刊石记功、名垂千史的儒家思想文化融合的体现，是一种综合性的佛教艺术。① 目前有可靠纪年的造像碑，是北宋赵金成所著《金石录》中记载的十六国前赵光初五年（322 年）佛图澄造释迦像碑，现在能够见到有纪年最早的造像碑是日本书道博物馆所藏北魏延兴二年（472 年）"黄□相造像碑"②。我国造像碑制作有两个高峰时期，第一个高峰时期就是孝文帝太和十八年（494年）至隋文帝仁寿四年（604 年），而后三国时期正好处于这一

① 李静杰：《佛教造像碑》，《敦煌学辑刊》1998 年第 1 期，第 81 页。
② 王景荃：《试论北朝佛教造像碑》，《中原文物》2000 年第 6 期，第 36 页。

时期；第二个高峰期就是唐高宗永徽元年（650年）至唐玄宗开元二十九年（741年）。从宋代开始进入了衰落期。[①]

前文提到，探讨佛立像风格演变时选取的造像以带有明确纪年的为主，造像碑也是如此，带有明确纪年的造像碑对于佛造像艺术风格判断更加准确、明晰。据李静杰先生在20世纪末统计，西魏—北周带有明确纪年的造像碑约有120通，其中西魏36通、北周84通。[②] 由于西魏时期的石雕造像、金铜造像数量较少，因此主要选取有明确纪年的造像碑进行分析。

造像碑主要分布在黄河流域，其中又以关中地区与河洛地区分布最多，出土的极少，多为传世品。而西魏—北周时期的造像碑尤其是有纪年的多出自于陕西，120通里有69通出自于陕西，且药王山博物馆收藏是最多的。说明这一时期造像碑是关中地区主要的佛教供养物。

造像碑上所雕刻题材很多，尤其是佛像，因而为研究不同时代佛造像艺术风格提供了实物资料，同时也成为判定造像碑的依据之一。但是由于造像碑的面积有限，雕刻内容繁多，就造成了佛像尺寸不大，艺术水平也不是很高，这也给探讨佛造像艺术风格带来一定的不便。

二　石雕造像遗存

西魏—北周时期的石雕佛造像数量偏少，尤其是西魏时期，带明确纪年的造像就更是稀少了。西安碑林博物馆收藏有两件带有西魏纪年的造像，一件是出土于西安东南郊祭台村的西魏大统十年（544年）定光佛立像，但是上半身完全没有了，并且这件

---

① 李静杰：《佛教造像碑》，《敦煌学辑刊》1998年第1期，第83页。
② 李静杰：《佛教造像碑》，《敦煌学辑刊》1998年第1期，第83页。

立像学术界还存在着争议；另一件是出土于西安东关的大统十二年（546年）观世音菩萨像座，也就是说仅剩一个台座，上面的菩萨像没有了。① 故宫博物院公布的《故宫博物院藏品总目》中记录了两件带纪年的西魏石雕造像：大统元年石佛坐像和大统七年石背屏一佛七身像。但这两件仅见于目录，未见有图片以及研究文章，也不曾展出，也就是说出土于何地或者收藏传承、造像尺寸等相关信息无从得知。②

　　北周时期的石雕佛像明显要多于西魏，而且出现了很多带有明确纪年的石雕造像。出土地点主要集中在了陕西西安市及其周边地区，本书在探讨北周佛造像艺术风格的时候，主要选取陕西地区有明确纪年的造像（详见表3-1）。这些有明确纪年的佛像成为判定北周佛造像的标准器，大量未有纪年的造像得以确认制作的准确时代。

表3-1　　　　　　　　西安地区北周纪年石雕佛造像③

	名称	类型	年号	公历纪年	出土
1	佛立像	背屏	周二年④	558年	西安王家巷
2	佛立像	单体	武成二年⑤	560年	碑林博物馆旧藏

----

　　① 于春：《长安西魏佛教造像特征及其源流考》，《西部考古》（第15辑）2018年，第166页。

　　② 故宫博物院：《故宫博物院藏品总目》，https：//zm-digicol.dpm.org.cn/cultural/list…k=%E8%A5%BF%E9%AD%8F。

　　③ 中国社会科学院考古研究所编：《古都遗珍——长安出土的北周佛教造像》，文物出版社2010年版，第104页。

　　④ "周二年"，造像整体风格属于北周时期，而北周皇帝中只有闵帝没有年号，闵帝在位不到一年，而明帝在位五年，第一、二年没有年号，从第三年开始用"武成"年号。所以"周二年"应是明帝在位的第二年即公元558年。许嘉璐主编：《二十四史全译·周书》，汉语大词典出版社2004年版，第40页。

　　⑤ 西安碑林博物馆编：《长安佛韵——西安碑林佛教造像艺术》，陕西师范大学出版社2010年版，第99页。

	名称	类型	年号	公历纪年	出土
3	僧贤造像	背屏	保定二年	562 年	碑林博物馆旧藏
4	征东将军造佛像①	单体	保定二年	562 年	高陵区文化馆
5	符道洛造像	单体	保定三年	563 年	西安尤家庄
6	赵颠造观世音像	单体	保定五年	565 年	西安汉城乡
7	范令造释迦像	单体	保定五年	565 年	西安雷寨村
8	造像座	单体	天和元年	566 年	碑林博物馆旧藏
9	□午原造弥勒像	背屏	天和二年②	567 年	碑林博物馆旧藏
10	杨连熙造像	龛像	天和二年	567 年	碑林博物馆旧藏
11	观音立像③	单体	天和二年	567 年	西安正觉寺遗址
12	佛造像	龛像	天和二年	567 年	西安梆子市街
13	姚氏造菩萨像座	单体	天和五年	570 年	西安汉城遗址
14	大势至菩萨像座	单体	天和六年	571 年	西安雷家寨
15	刘欢庆造像	单体	建德元年	572 年	高陵区文化馆
16	杨子恭造像	背屏	建德二年	573 年	碑林博物馆旧藏
17	张子开造像	单体	大象二年	580 年	西安灞桥

　　除了西安地区，在陕西其他地区以及甘肃、山西等地也有出土或旧藏有明确纪年的北周石雕造像，根据目前公开的资料，笔者统计如下（表3–2）。

---

　　① 黄志明：《东魏西魏北齐北周造像记整理与研究》，硕士学位论文，吉林大学，2020年，第387页。

　　② 造像铭文"元和二年"，碑林博物馆展厅展牌也是标为"唐元和二年"，唐元和二年即公元807年。但造像风格与晚唐相去甚远，与北周时期佛造像风格一致，疑似"天"误刻为"元"或是题记为元和二年所刻。——笔者注

　　③ 韩保全：《隋正觉寺出土的石造像》，《考古与文物》1987年第6期。

表 3 - 2　　　　　　　　西安地区以外北周纪年石雕佛造像

	名称	类型	年号	公历纪年	出土
1	宇文邕造释迦像①	单体	保定元年	561 年	甘肃正宁县
2	邑子一百人等造佛立像②	单体	保定二年	562 年	药王山博物馆
3	佛坐像	龛像	保定四年	564 年	故宫博物院③
4	赵国公造阿育王像	单体	保定年间	561—565 年	成都万佛寺
5	为亡夫造像④	背屏	天和元年	566 年	华亭县博物馆
6	法袭造像	单体	天和二年	567 年	清水县博物馆
7	佛坐像	单体	天和二年	567 年	故宫博物院
8	菩萨立像	单体	天和二年	567 年	万佛寺遗址
9	杨解造观音立像	单体	天和三年	568 年	下同仁路
10	四面像	龛像	天和三年	568 年	故宫博物院
11	周亮智造释迦像⑤	单体	天和四年	569 年	山西博物院
12	车远达造释迦像⑥	单体	天和四年	569 年	成都出土
13	佛坐像	单体	天和六年	571 年	故宫博物院
14	佛立像⑦	单体	天和六年	571 年	泾川大云寺窖藏
15	韩子渊造释迦像⑧	背屏	建德二年	573 年	芮城县城关镇
16	周纪仁造释迦像⑨	单体	大象二年	580 年	上海博物馆

---

① 陈瑞林:《甘肃正宁县出土北周佛像》,《考古与文物》1985 年第 4 期。

② 岳红纪:《北朝关中地区造像题记书法艺术研究》,博士学位论文,西安美术学院,2011 年,第 146 页。

③ 故宫博物院藏北周金铜造像、石雕造像均源自《故宫博物院藏品总目》,https://zm-digicol.dpm.org.cn/cultural/list…k = % E5 % 8C % 97 % E5 % 91 % A8。

④ 张宝玺编著:《甘肃佛教石刻造像》,甘肃人民美术出版社 2011 年版。

⑤ 郭志成、周桂香:《北朝晚期山西石雕佛教造像艺术风格初探》,《沧桑》2001 年第 4 期,第 37 页。

⑥ 成都地区出土的四件北周纪年造像,在统计南梁时期佛造像时均计入到南梁第三阶段,在这里仅是列为西安以外北周纪年造像,不作为北周时期佛造像艺术风格讨论。——笔者注

⑦ 赵瑜:《泾川大云寺窖藏佛教造像研究》,硕士学位论文,华东师范大学,2022 年,第 37 页。

⑧ 张俊良:《芮城北周隋唐佛道造像》,《文物世界》2005 年第 6 期,第 5 页。

⑨ 季崇建:《上海博物馆藏纪年佛教造像考证》,《上海博物馆集刊》2000 年,第 235 页。

三　金铜造像遗存

西魏—北周时期的金铜造像极少，带有明确纪年的更少，目前我国出土的仅有一件，就是 1977 年西安市未央区出土的"天和五年比丘尼马法先造释迦像"。根据笔者能够查到的资料，目前我国境内西魏—北周时期带有明确纪年的金铜造像共有七件。

表 3 – 3 　　　　　　　　　　北周纪年金铜造像①

	名称	年代	公历纪年	收藏单位
1	观音立像	保定元年	561 年	首都博物馆
2	佛坐像	保定三年	563 年	故宫博物院
3	李清□造佛立像	天和二年	567 年	故宫博物院
4	杨照基造佛像②	天和二年	567 年	上海博物馆
5	马法先造释迦像	天和五年	570 年	西安博物院
6	徐喜造观音立像	天和六年	571 年	故宫博物院
7	杨坚造佛像③	宣正元年	578 年	陕西历史博物馆

四　石窟造像遗存

石窟造像是西魏—北周时期佛造像遗存最多的一个种类，其数量不仅远超前三类遗存更是远多于南梁和东魏—北齐。由于西魏—北周控制疆域正是绿洲丝路的第一段，从长安至河西走廊，而这条交通要道沿途有着大量的石窟。因此研究西魏—北周佛造

---

① 金申：《中国历代纪年佛像图典》，文物出版社 1994 年版，第 216、282、301、488、509、514 页。

② 季崇建：《上海博物馆藏纪年佛教造像考证》，《上海博物馆集刊》2000 年，第 235 页。

③ 陕西历史博物馆：《陕西历史博物馆雕塑造像类藏品目录》，陕西历史博物馆官网。

像艺术风格，石窟造像是最为重要的一类遗存。

　　石窟造像有一点与前三类造像不太一样，就是石窟造像自身很少出现题记，因为题记大多会出现在石窟壁上，这样题记中如果有明确纪年，就能够判断石窟的开凿年代，因此石窟开凿的年代就基本决定了石窟造像的年代。如果石窟内也没有题记，那就要看有没有相关文献记载了石窟的开凿年代。

　　西魏—北周时期主要分布在当时的瓜州敦煌郡（今甘肃敦煌）的莫高窟与西千佛洞、瓜州酒泉郡（今甘肃酒泉）的文殊山石窟、成州天水郡（今甘肃天水）的麦积山石窟、河州枹罕郡（今甘肃临夏）的炳灵寺石窟、宁州西北地郡（今甘肃庆阳）[1]的北石窟寺等。

1. 敦煌莫高窟

　　莫高窟俗称"千佛洞"，是甘肃最大的石窟群，也是敦煌地区石窟群的代表窟群。石窟位于今天甘肃敦煌市东南25公里处的鸣沙山东麓、宕泉河西岸的断崖上，坐西朝东，面对三危山。洞窟密布在南北长约2公里的崖面上，洞窟最高处距地面40—50米不等。鸣沙山的岩质是砾石岩层，由积沙和卵石沉淀黏结而成，沙层疏松，不适合进行雕琢，因此莫高窟的雕塑与中原云冈石窟、龙门石窟的雕塑不同，不是石雕造像而是泥塑造像。[2] 敦煌地区以及陇南地区石窟多以这种方式塑像。

　　泥塑造像又分为两种，一种为石胎泥塑，这种方法就是在石窟的山体上凿出塑像的大体轮廓，然后在其上敷粗泥、细泥，之后进行抹平、修型、雕刻，最后彩绘。这种方法多用于大型佛

---

　　① 牟发松、毋有江、魏俊杰：《中国行政区划通史——十六国北朝卷（下）》，复旦大学出版社2017年版，第1313、1315、1318页。

　　② 敦煌研究院编：《敦煌石窟全集——塑像卷》，商务印书馆2003年版，第6页。

像，如莫高窟第96窟北大佛、第148窟涅槃像等。[①] 另一种方法是木胎泥塑，制作过程分为立骨、贴肉、穿衣和装銮四道工序。与石胎泥塑最大的差异就在于立骨，木胎泥塑是用木料或木棍搭起骨架，手部用铁丝或铁条做指骨，之后裹上皮麻，然后再填入谷草等定型，再敷粗泥、细泥，最后是修型彩绘。[②]

莫高窟始建于十六国北凉时期，之后经北魏、西魏、北周、隋、唐、五代、宋、回鹘、西夏、元代开凿，历经十一个时代、一千余年。在武周时期（690—705年）就有"窟室千余"的说法。莫高窟分为南北两区，现存有壁画、塑像的洞窟共计492[③]个，塑像超过2000身、壁画约45000平方米。[④] 其中西魏时期窟7个，北周时期窟15个。[⑤]

2. 敦煌西千佛洞

西千佛洞是敦煌石窟群之一，位于甘肃省敦煌市西南约35公里的断崖上，窟前为党河，因其位于莫高窟及古敦煌城西，故而得名。石窟东西走向，全场约8公里。西千佛洞开凿时间年代不详，据学者研究推测，其建造年代可能还要早于莫高窟，至少二者是在同一时期开凿的，也就是说西千佛洞的开凿时间不晚于公元4世纪。[⑥]

西千佛洞现有编号石窟22个，[⑦] 从北魏至元代，几乎历代都有开凿。其中西魏窟一个、北周窟四个。但是仅有北周开凿的第11窟残存一尊造像，非常遗憾的是我们现在看到的这尊造像为民

---

① 郑炳林、张景峰：《敦煌石窟彩塑艺术概论》，甘肃教育出版社2016年版，第97页。
② 黄春和：《汉传佛像时代与风格》，文物出版社2010年版，第293页。
③ 敦煌研究院编：《敦煌石窟内容总录》（1993年修订），文物出版社1996年版，第2页。
④ 赵声良：《敦煌石窟艺术简史》，中国青年出版社2017年版，第26—27页。
⑤ 敦煌研究院编：《敦煌石窟内容总录》（1993年修订），文物出版社1996年版，第228—229页。
⑥ 赵声良：《敦煌石窟艺术简史》，中国青年出版社2017年版，第27页。
⑦ 敦煌研究院编：《敦煌石窟内容总录》（1993年修订），文物出版社1996年版，第203页。

国时期重塑。①

3. 庆阳北石窟寺

北石窟位于庆阳市西峰区，东北距市区 25 公里的覆钟山下蒲河、茹河交汇之处的东岸。北石窟寺现存的窟龛共有五处，其中寺门沟石窟群（即北石窟群）为主窟群，还有石道坡、花鸨子岸、石崖东台三处石窟群及楼底村 1 号石窟（俗称北 1 号窟）。主窟群共有 294 个窟龛，其余四个窟群共有 14 个窟龛；石雕造像 2429 尊、壁画彩绘 90 多平方米、石碑 8 通、阴刻和墨书题记共 152 方、古建筑遗迹 3 处。②

北石窟的开凿年代应在北魏晚期。据清乾隆六十年《重修石窟寺诸神庙碑记》记载："元魏永平二年（509 年）泾原节度使奚侯创建。"这个奚侯应是北魏的泾州刺史奚康生，现存于泾川县博物馆的北魏《南石窟寺之碑》记载："大魏永平三年岁在庚寅四月壬寅朔十四日乙卯，使持节都督泾州诸军事平西将军兼华泾二州刺史安武县开国男奚康生造。"奚康生，在《魏书》中有传。《魏书·世宗纪》记载："永平二年正月，泾州沙门刘慧汪聚众反，诏华州刺史奚康生讨之。"③ 由此可知，奚康生出任泾州刺史应是这次讨叛之后，即永平二年。可以推测，任泾州刺史的同年，奚康生即开始建造北石窟寺与南石窟寺。④

北石窟寺坐东朝西，加之另外四个石窟群共计 308 个窟龛，

① 敦煌研究院编：《敦煌石窟内容总录》（1993 年修订），文物出版社 1996 年版，第 197—200 页。

② 甘肃北石窟寺文物保护研究所：《庆阳北石窟寺内容总录》，文物出版社 2013 年版，第 6 页。

③ 许嘉璐主编：《二十四史全译·魏书·第一册》，汉语大词典出版社 2004 年版，第 167 页。

④ 高泽：《庆阳佛教石窟寺调查及其有关问题》，硕士学位论文，兰州大学，2014 年，第 12—13、17 页。

最早的 165 窟开凿于北魏永平二年，其后西魏、北周、隋、唐、宋均有开凿，自元代开始不再开凿新窟，但是佛事活动、修缮重装一直未有停止。其中西魏窟龛共 11 个、北周时期的 17 个。[①]

4. 炳灵寺石窟

炳灵寺石窟位于今天甘肃省临夏回族自治州永靖县西南 35 公里的小积石山中。北魏郦道元所著《水经注·河水》中记载炳灵寺名为"唐述窟"，唐高宗时名僧道世所著《法苑珠林》称其为"唐述古仙寺"，在炳灵寺石窟的中唐题记中又被称为"灵岩寺""龙兴寺""炳灵寺"。炳灵寺其名，最早见于文献，是《宋书·瞎征传》。

炳灵，是藏语"仙巴本郎"的音译，意译为"十万弥勒佛"或"十万弥勒洲"。此名应是在唐代出现，唐代宗宝应二年（763 年），吐蕃占据河陇地区，炳灵寺便处于吐蕃管辖之下，此时的炳灵寺正处于衰落时期，开窟极少，很少有文字记载流传于世，因而"炳灵寺"之名当时即便是有但也不曾记载，直至北宋才正式出现在著录之中。而"炳灵寺"一名的广泛流传，应是明代这一地区开始流行藏传佛教之后的事情了。[②]

炳灵寺石窟由上寺、下寺、洞沟区三部分组成，开凿于西秦，其后北魏、北周、隋、唐均有开凿；宋、西夏、元、明各代也有雕琢、重装等活动。炳灵寺石窟共有窟龛 216 个、彩绘壁画 1000 多平方米、浮雕浮屠 56 座、大型摩崖 4 方、石碑 1 通、墨书题记及石刻题记 6 则。炳灵寺的造像有石雕和泥塑两种，以石雕造像为主，约有 694 躯，泥塑 82 躯。[③]

---

① 甘肃北石窟寺文物保护研究所：《庆阳北石窟寺内容总录》，文物出版社 2013 年版，第 15、17 页。

② 曹学文：《关于炳灵寺之争的学术史钩沉》，《敦煌学辑刊》2016 年第 1 期，第 99 页。

③ 甘肃省文物工作队、炳灵寺文物保管所编：《中国石窟·永靖炳灵寺》，文物出版社 1989 年版，第 169 页。

炳灵寺石窟中没有西魏时期开凿的洞窟，北周时期也仅有三个半，半个是指 172 窟，此窟为西秦时期开凿，北魏、北周时期都有增添佛像和壁画，明代重修。[①]

5. 麦积山石窟

麦积山位于甘肃省天水市麦积区，是小陇山中的一座孤峰，高 142 米，因山形酷似麦垛而得名。麦积山石窟现存窟龛共 221 个[②]、造像 10632 余尊、壁画 980 余平方米。[③] 造像中仅有少量石雕造像，其余皆为泥塑彩妆，造型精美，因而被誉为"北朝雕塑陈列馆"[④]。

麦积山石窟开凿于十六国后秦高祖姚兴在位期间（394—416 年），北魏、西魏、北周、隋、唐、宋均有开窟，元、明、清多有重装改塑。现存年代最早的石窟为北魏初期。麦积山石窟中仅有第 115 窟中的主尊佛台座上有墨书题记"惟大代景明三年九月十五日等字，"大代"即北魏，"景明三年"即公元 502 年。

麦积山石窟保留有大量的宗教、艺术、建筑等方面的实物资料，体现了千余年来各个时代塑像的特点，反映了中国泥塑艺术发展和演变过程。

由于麦积山石窟中几乎没有题记，因此为石窟的断代带来了巨大的困难。学者们通过文献记载、与有明确纪年造像的比对、石窟形式的分期等方法，对麦积山石窟进行了分期。虽然不同学者间的分期有所差异，但西魏—北周时期的分歧较小。西魏窟有 19 个，最为著名的就是 44 窟，被认为是乙弗氏的瘗埋窟；北周窟共 34 个。[⑤]

---

① 甘肃省文物工作队、炳灵寺文物保管所编：《中国石窟·永靖炳灵寺》，文物出版社 1989 年版，第 257 页。

② 魏文斌、白凡：《麦积山石窟历次编号及新编窟龛说明》，《敦煌研究》2008 年第 5 期，第 31 页。

③ 魏文斌：《麦积山石窟初期洞窟调查与研究》，甘肃教育出版社 2017 年版，第 1 页。

④ 费泳：《汉唐佛教造像艺术史》，湖北美术出版社 2009 年版，第 130 页。

⑤ 魏文斌：《麦积山石窟初期洞窟调查与研究》，甘肃教育出版社 2017 年版，第 245 页。

表 3 – 4　　　　　　　　西魏—北周时期开凿的主要石窟

石窟寺	时期	窟、龛号
麦积山石窟①	西魏时期	20、43、44、49、54、60、87、88、102、104、105、109、110、123、127、132、135、172、191
	北周时期	2—4、6、7、9、11、12、14、18、22、26、27、31、32、35、36、39、45—48、52、55、62、65、67、94、113、125、136、141、157、168
炳灵寺石窟	北周时期	6、82、134、172（北魏开龛、北周重修）
庆阳北石窟寺	西魏时期	44、70、87、135、191、199、202、206、211、225、227
	北周时期	60、71、96、103、105、106、116、117、119、122、184、194、197、204、208、230、240
西千佛洞	西魏时期	9
	北周时期	8、11、12、13
莫高窟②	西魏时期	247、248、249、285、286、288、432
	北周时期	250、290、294、296、297、298、299、301、428、430、438、439、440、442、461

第二节　西魏—北周时期佛造像风格特征及成因

西魏—北周时期的分期相对要直观一些，就分为两个阶段，

---

① 麦积山石窟分期历来各家不同，这里采用的是李西民先生的《麦积山石窟内容总录》，该总录收入到《中国石窟·麦积山石窟》中，具体窟号见魏文斌《麦积山石窟初期洞窟调查与研究》，甘肃教育出版社 2017 年版，第 246 页。

② 《敦煌石窟内容总录（1993 年修订）》一书中的《关于莫高窟内容总录》一文中，分期时并无西魏分期，而是元魏后期，其中第 246、431、435、437 窟是北魏晚期窟。而 432 窟该书定为北周窟，该窟号却又未出现在北周分期中，现在学术界将 432 窟被定为西魏窟，因此莫高窟西魏时期有 7 个窟。敦煌研究院编：《敦煌石窟内容总录》（1993 年修订），文物出版社 1996 年版，第 177、228—229 页；敦煌文物研究所编：《中国石窟·敦煌莫高窟（一）》，文物出版社 1984 年版，图 149—151。

第一阶段是西魏时期（535—557年），第二阶段是北周时期
（557—581年）。从佛造像风格分期来看，西魏时期与北魏晚期
是紧密衔接的，因此在西魏佛造像上能够看到明显的北魏晚期佛
造像风格特征，但也进行了一些改良性质的变化。北周时期佛造
像风格受到了南梁以及北齐的影响，出现了较大的变化，也开始
吸收印度笈多佛造像艺术进而形成自己的风格特征。

　　由于这一时期的佛造像遗存并不是很丰富，其中又以石窟造
像为主，因此本书选取的分析对象仍旧是带有明确纪年的造像，
而石窟造像则是选择石窟年代较为准确的。

表 3 - 5　　　　　　　　　　西魏—北周世系表

朝代	谥号	姓名	年号	使用时间	世系
西魏	文帝	元宝炬	大统	535—551	京兆王元愉子
	废帝	元钦		551—554	文帝长子
	恭帝	元廓		554—557	文帝四子
北周	孝闵帝	宇文觉		557$_正$—557$_九$	宇文泰三子
	明帝	宇文毓		557$_九$—558$_{十二}$	宇文泰庶长子
			武成	559$_元$—560$_四$	
			武成	560$_四$—560$_{十二}$	
			保定	561$_正$—565$_{十二}$	
	武帝	宇文邕	天和	566$_正$—572$_三$	宇文泰四子
			建德	572$_三$—578$_三$	
			宣政	578$_三$—578$_六$	
	宣帝	宇文赟	宣政	578$_六$—578$_{十二}$	武帝长子
			大成	579$_-$—579$_-$	
	静帝	宇文衍	大象	579$_二$—580$_{十二}$	宣帝长子
			大定	581$_正$—581$_二$	

一 西魏时期

北魏永熙三年，投奔宇文泰的元修，在闰十二月被宇文泰毒杀。宇文泰毒杀元修之后，第二年（535年）立京兆王元愉之子元宝炬为帝，改年号"大统"①，史称"西魏"。西魏建立之后，权力则是掌握在宇文泰的手里，恭帝三年十月（556年），宇文泰去世，去世之前将权力交给了自己的侄子宇文护。在宇文泰去世的两个月后，宇文护逼迫恭帝元廓将皇位禅让给宇文泰的儿子宇文觉，宇文觉于第二年元月即位，②西魏亡，北周立。西魏历两代三帝，凡二十二年。

1. 西魏时期佛造像实例

目前国内没有发现带有明确纪年的西魏时期石雕造像和金铜造像。因此探讨西魏时期佛造像风格时，主要依据造像碑和石窟造像。

"西魏大统二年高子路造像碑"③（图3-1）。这件造像碑1960年出土于陕西省富平县小学，碑上题记有"大统二年"字样，西魏大统二年即公元536年。造像碑仅剩下半部分，残高81厘米、残宽82.5厘米、厚32厘米。造像碑正面下部，细线阴刻了车马出行图，图上方，碑的正面中间开一个大龛，龛内有一佛两弟子、两菩萨。主尊佛头部残缺，削肩、体态修长，内着僧祇支，外披褒衣博带式袈裟，下摆呈裳悬座，双手虽残，但是依稀能看出右手施无畏印、左手施与愿印；腿结跏趺坐坐于台座上。

---

① 许嘉璐主编：《二十四史全译·北史·第一册》，汉语大词典出版社2004年版，第132—133页。

② 许嘉璐主编：《二十四史全译·周书》，汉语大词典出版社2004年版，第29、31—32页。

③ 西安碑林博物馆编：《长安佛韵——西安碑林佛教造像艺术》，陕西师范大学出版社2010年版，第27页。

两侧弟子、菩萨头部均已残缺。菩萨肩披帛带，帛带在腹部交叉垂直膝盖部，然后再反向向上搭在肘部。主尊佛袈裟下摆两侧有两个狮子，狮子之外又各有一个力士。

这件造像的制作年代距离北魏灭亡仅仅两年，因此佛像风格上还是延

图3-1　高子路造像碑

续了北魏晚期的特征——秀骨清像、体态修长、褒衣博带。但是这时已经出现了些许的变化，我们注意一下袈裟下摆，北魏晚期的袈裟下摆是向两侧外展的，而这件造像碑上主尊佛的袈裟下摆基本上是自然垂落，并不是向两侧外展，缺少了北魏晚期那种飘逸的感觉。

"西魏大统三年比丘法和造像碑"[1]（图3-2）。该造像碑1972年西安市未央区出土。碑为竖长方体，碑额残缺，残高90厘米、宽80厘米、厚20厘米。碑阳（正面）开上下两龛，上龛内一佛二思维菩萨，主尊佛面部已残，但是能看到高肉髻，头后有圆形头光、长圆形身光以及莲瓣形背光；削肩、体态修长，双手虽然残缺不全，但依然能看出右手施无畏印、左手施与愿印；两

---

① 王长启、高曼：《西安地区出土北朝晚期佛造像及其艺术风格》，《碑林辑刊》2002年，第86页。

图 3-2　比丘法和造像碑

侧各有一思维菩萨，左侧菩萨左手抚腮、右手抚脚踝，左腿盘在右腿之上、坐在台座上；右侧菩萨与左侧菩萨呈镜像关系，右手抚腮、左手抚脚踝、右腿盘在左腿上、坐在台座上。下龛内为一佛二胁侍菩萨，主尊佛头部残缺，其形象与上龛主尊佛一致，唯一区别在于下龛主尊佛坐于台座之上，袈裟及佛衣衣襞覆坛；两侧胁侍菩萨头梳双髻、肩披帔帛，双手托一圆形物，下身着裙。在台座两侧各有一个护法的狮子。碑阳最下部刻有题记 18 行，其中有"魏大统三年岁次丁巳信用甲子朔二十八日辛卯比丘法和……"，"大统三年"即公元 537 年。

我们要特别注意两尊主尊佛的袈裟披着方式。主尊佛披双层袈裟，内层为敷搭双肩下垂式袈裟，外层为半披式袈裟与褒衣博带式袈裟的结合。敷搭双肩下垂式袈裟，袈裟左襟自然下垂，右襟下垂至腹部然后反向向上敷搭至右肘；半披式与褒衣博带式袈裟的结合，左襟自然下垂，右襟包裹住右大臂外侧，然后横向至腹部，再搭在左肘。这种披着方式与单纯的褒衣博带式的区别就在于右襟与右小臂之间的关系：褒衣博带式袈裟右小臂从右襟下伸出，半披与褒衣博带结合式则是右小臂在右襟之上。

在前述南梁时期佛造像中均未见到这两种袈裟披着方式，目前

108

两种袈裟披着方式的实例都出自于洛阳龙门石窟北魏晚期窟，均为公元 6 世纪初。① 因而这件造像碑上的袈裟披着方式是沿袭了北魏晚期佛造像。同时，造像虽然没有了头部，但是从斜肩、消瘦的身材能够看到延续了北魏晚期佛造像的形象——秀骨清像。

　　"麦积山石窟第 44 窟主壁坐佛"（图 3 - 3）。麦积山第 44 窟位于东崖大佛的下面、第 43 窟西侧。② 这是一个方形四角攒尖顶窟，窟前壁坍塌。正壁开龛，内有一佛、两胁侍菩萨、一弟子。主尊佛高肉髻、漩涡纹发髻，面庞丰满圆润，面部曲线极具美感，嘴角微微露出自然笑容；内着僧祇支，衣带在胸前系结，外披褒衣博带式袈裟，右手施无畏印、左手施与愿印；腿结跏趺坐坐于台座上，袈裟及佛衣衣襞覆坛；造像保留有大量彩绘。

图 3 - 3　麦积山第 44 窟　主壁坐佛

　　从漩涡纹发髻、袈裟披着方式以及袈裟下摆，明显带有北魏晚期造像风格特征，但是造像面部已经摆脱了北魏晚期那种"秀骨清像"的审美。而且这尊佛像的面部明显有一些女相，所以有学者认为第 44 窟应该是纪念西魏文帝皇后乙弗氏的。可是第 44 窟内及造像上没有任何题记，那又如何判定第 44 窟是西魏时期

---

　　① 费泳：《中国佛教艺术中的佛衣样式研究》，中华书局 2012 年版，第 212、362 页。
　　② 项一峰：《麦积山石窟内容总录（东崖部分）》，《敦煌学辑刊》1997 年第 2 期，第 104 页。

开凿的呢？又为什么认为与乙弗氏有关呢？

　　首先在麦积山出土的宋代石碑《秦州雄武军陇城县第六保瑞应寺再葬佛舍利记》上记载"昔，西魏大统元年再修崖阁重兴寺宇"。也就是说，在西魏建立的公元535年，西魏在麦积山开始出现了一次开窟建寺的高潮。① 因此可以知道，麦积山石窟当中应该有一定数量的窟龛是在西魏时期开凿的。但这样也无法证明第44窟开凿于西魏且与乙弗氏之间的关系。

　　依据记载，西魏文帝元宝炬未当皇帝之前就娶了乙弗氏，登基之后，就立乙弗氏为皇后，两人共育子女十二人，但是仅有太子元钦（废帝）和武都王元戊活了下来。《北史·后妃（上）》记载："蠕蠕寇边，未遑北伐，故帝结婚以抚之，于是更纳悼后，命后逊居别宫，出家为尼。悼后由怀猜忌，复徙后居秦州，依子秦州刺史武都王。"在元宝炬登基不久，北方的蠕蠕（即柔然）入侵，元宝炬没有办法，只能娶蠕蠕首领阿那环女儿为后即悼后。② 同时让乙弗氏另居别处且出家为尼。可是悼后还是猜忌两人有来往，文帝只得让乙弗氏迁居秦州，同时任命武都王元戊为秦州刺史。大统六年（540年）的时候，悼后病逝。这时东魏的高欢派人离间蠕蠕首领阿那环，于是阿那环以为女儿报仇为名举兵过黄河再度入侵西魏，西魏无力抵御。无奈之下文帝下诏令乙弗氏自尽，乙弗氏"愿至尊享千万岁，天下康宁，死无恨也"。乙弗氏去世之后，"凿麦积崖为龛而葬……后号寂陵"③。

　　第44窟东侧就是第43窟，该窟分为前廊、前室、东西耳室

---

　　① 项一峰：《麦积山第43窟研究》，《敦煌研究》2003年第6期，第54页。

　　② 许嘉璐主编：《二十四史全译·北史·第四册》，汉语大词典出版社2004年版，第2650页。

　　③ 许嘉璐主编：《二十四史全译·北史·第一册》，汉语大词典出版社2004年版，第377—378页。

以及后室。前室是一个椭圆形小窟，宽 3.4 米、进深 1.9 米，其内有一个高 2.5 米的倚坐佛像。佛像背后有一个通往后室的入口，后室高 1.73 米、进深 3.2 米，入口宽 2.5 米、后室壁宽 2.15 米。① 第 43 窟的布局如同北魏时期的陵墓布局，后室也如同墓室一般，目前学界较为统一地认为麦积山第 43 窟就是《北史》中所记载的"寂陵"。而《秦州雄武军陇城县第六保瑞应寺再葬佛舍利记》上的记载应是与乙弗氏有关。

当乙弗氏去世后，无论是文帝、武都王还是其他人为了纪念她都会在麦积山开窟，而第 44 窟就应是其中之一。《北史·后妃（上）》记载，在乙弗氏自尽前"召僧设供，令侍婢数十人出家"，第 44 窟主尊佛明显女相，且造像艺术水平远胜于其他同期造像，很有可能是这些婢女为乙弗氏祈求冥福而建。②

"莫高窟第 285 窟主壁坐佛"（图 3-4）。第 285 窟位于莫高窟南大段第二层，是一方形覆斗顶窟。正壁（西壁）开三龛，一大两小，北壁、南壁各开有四个禅窟。第 285 窟是将礼拜与禅修结合在一起的禅窟群。

窟正壁中间开圆券大龛，内塑一倚坐佛及两胁侍菩萨，两个胁侍菩萨几乎全部损毁。③ 中间的主尊佛面部损毁、球形肉髻、磨光发髻；削肩、体态修长，内着僧祇支，衣带在胸前系结，外披褒衣博带演化式袈裟，袈裟紧裹住身体，尤其是腿部，凸显腿部轮廓，袈裟在腿部呈现 U 字纹，袈裟及佛衣下摆自然下垂；跣足倚坐在台座之上。主尊佛背后的龛壁上彩绘头光、身光、背

① 天水麦积山石窟艺术研究所编：《中国石窟·天水麦积山》，文物出版社 1998 年版，第 204 页。

② 王一潮、张慧、杨皓：《麦积山第 44 窟西魏佛的"女相化"》，《装饰》2009 年第 2 期，第 118 页。

③ 敦煌研究院编：《敦煌石窟内容总录（1993 年修订）》，文物出版社 1996 年版，第 115 页。

图 3-4 莫高窟第 285 窟正壁坐佛

光，其内均绘火焰纹。

褒衣博带演化式袈裟也出现在同时期的南梁、东魏佛造像上，在南梁带明确纪年最早的是收藏于南京博物馆的"大通元年铜佛立像"①，大通元年即公元 527 年，在东魏最早带明确纪年的造像是出土于青州龙兴寺窖藏的"天平三年邢长振造释迦像"，天平三年即公元 536 年。② 以目前公开的资料看，成都地区出现褒衣博带演化式袈裟时间为早，加之西魏、东魏一直处于战争状态，西魏时期褒衣博带演化式袈裟从东魏传入的可能性不大，因而佛造像艺术风格的传播应存在一条自成都至天水再到敦煌的传播线路。③

第 285 窟是莫高窟中罕有题记中出现明确纪年的洞窟，对于判定莫高窟同时期洞窟有着重要意义。在北披上层东起第四铺说法图下面有墨书题记，出现有"大代大魏大统五年四月廿八日造"字样，大统五年即公元 539 年；东起第六铺说法图下的墨书题记

① 费泳：《南京德基广场出土南朝金铜佛坐像的新发现》，《艺术探索》2018 年第 1 期，第 52 页。

② 青州市博物馆编：《青州龙兴寺佛教造像艺术》，山东美术出版社 1999 年版，第 30 页。

③ 费泳：《中国佛教艺术中的佛衣样式研究》，中华书局 2012 年版，第 317 页。

中出现"大代大魏大统四年岁次戊午八月中旬造"字样，大统四年即公元538年①，这是莫高窟中年代最早的题记。由此可以知道第285窟建造时间应是在西魏大统初年，不晚于大统四年。

"莫高窟第432窟中心柱"。第432窟为中心柱塔庙窟，前部为人字坡顶、后部为平棋顶。在中心柱四面开龛，东向是一个圆券大龛，其余三面在中心柱上部一佛四菩萨像、下部开龛。② 东向大龛内为一倚坐佛（图3-5），龛外两侧各有一胁侍菩萨。主尊佛球形肉髻、磨光发髻，面庞丰满圆润，颈部有蚕节纹，削肩、体态修长；内着僧祇支，衣带在胸前系结，外披褒衣博带式袈裟，袈裟紧贴躯体，下摆自然下垂，显现出腿部轮廓，袈裟衣纹在腹部之下，腿部呈U字纹；跣足倚坐在台座之上。在佛像背后的龛壁上彩绘头光、身光、莲瓣形背光，在莲瓣瓣尖两侧各绘飞天一身、佛像两侧各绘胁侍菩萨一身、供养菩萨两身。这件佛像的特征与285窟主龛内佛像基本一致。既保留有北魏晚期的体态修长、褒衣博带式袈裟的特征，又出现了薄衣贴体的笈多

图3-5　莫高窟第432窟　中心柱东向龛坐佛

---

① 敦煌文物研究所编：《中国石窟·敦煌莫高窟（一）》，文物出版社1984年版，第216页。

② 敦煌研究院编：《敦煌石窟内容总录（1993年修订）》，文物出版社1996年版，第177页。

**图3－6　莫高窟第432窟
中心柱南向龛坐佛**

艺术风格；颈部的蚕节纹也是西魏
早期造像不曾见到的。

中心柱南向龛内塑禅定佛一身
（图3－6），龛外两侧各塑胁侍菩萨
一身。禅定佛球形肉髻，彩绘波浪
发髻，面庞圆润；外披通肩袈裟，
袈裟薄衣贴体，不塑衣纹；双手掌
心向腹部，左手压在右手之上，腿
结跏趺坐。这尊造像的袈裟披着方
式回归到了印度通肩式，并且笈多
艺术更为明显，不刻画、装饰衣纹；
双手似结禅定印，手心向腹部，这
是对于十六国时期造像的一种回归。

在432窟中心柱上，除了西向龛内为苦修像外，其余的三面上部
的禅定佛像，南、北两龛内的禅定佛像风格基本一致。

樊锦诗先生等人认为432窟开凿于西魏大统十一年（545
年）之后，① 而现在学术界对莫高窟洞窟分期时，将432窟纳入
西魏时期，基本上可以判定432窟是西魏晚期的代表洞窟，而窟
内的佛像也就是西魏晚期佛造像艺术风格的体现。

2. 西魏时期佛造像艺术风格特点

带有明确纪年的西魏造像数量有限，但是依然可以通过这些
造像看到西魏时期佛造像风格的特点：

（1）基本延续了北魏晚期佛造像艺术的特点，造像"秀骨清
像"，削肩，体态修长，袈裟披着方式为褒衣博带式、半披式与

---

① 敦煌文物研究所编：《中国石窟·敦煌莫高窟（一）》，文物出版社1984年版，
第197页。

褒衣博带式叠加。

（2）西魏佛造像风格以继承北魏晚期风格为主，但是依然出现了一些变化，首先，褒衣博带式袈裟演化为褒衣博带演化式袈裟；其次，褒衣博带式袈裟与北魏晚期有差异，体现在袈裟下摆不再向两侧外展，改为自然下垂；再次，造像面部出现了圆润的造型，一改北魏晚期清瘦的形象。最后，西魏晚期的部分造像中出现了蚕节纹，这应是与南梁佛造像风格传入河西走廊有关，这一点将在北周时期佛造像风格中一并讨论。

（3）作为西魏时期的统治中心，关陇地区佛造像遗存尤其是石雕造像、金童造像极少，数量上完全无法与同期的东魏相比。

3. 西魏时期佛造像艺术风格特点形成原因

西魏时期佛造像艺术风格相对于南梁而言，对于前一阶段的风格延续较多，也就是西魏佛造像风格延续北魏晚期佛造像风格比较多，而与其同时的是南梁佛造像艺术的第二阶段，从520年至551年。但是南梁第二阶段佛造像艺术较第一阶段变化较大。为何西魏时期延续的就比较多呢？

一个时代的艺术是与时代密不可分的，受到这个时代政治、经济、文化等多重因素的影响。而影响西魏佛造像艺术风格最大的因素就是政治与经济。

（1）武川军镇集团与关陇世家大族

公元534年，高欢挟孝静帝元善见奔邺城，东魏建立，并牢牢地掌控着东魏的大权，高欢之所以能够控制东魏政权，他的依仗就是北方六镇鲜卑人中的五镇归属于他，仅有武川镇的部分兵户后来归属宇文泰。① 六镇是北魏太武帝为了加强北部边防和管

---

① 王仲荦：《中国断代史系列——魏晋南北朝》，上海人民出版社2003年版，第545页。

理其他民族设立的军事管理单位，由东至西分别为怀荒镇、柔玄镇、抚冥镇、武川镇、怀朔镇、沃野镇，六镇共同构筑成平城（今山西大同）的屏障。① 北方六镇为军镇，早期的"镇都大将"不是拓跋王室成员就是鲜卑王公，而士兵也以鲜卑人为主，慢慢地开始杂有汉人、高车等民族。② 由于高欢与宇文泰两人所掌控六镇的差异，导致了东魏、西魏在政治文化上走向了不同的道路。

西魏大统元年，文皇帝元宝炬晋宇文泰为都中外诸军事、大行台、安定郡公，西魏大权落入宇文泰之手。③ 而此时的宇文泰手中只有原六镇中的武川镇一镇之兵，仅凭此是无法控制西魏政权的。这时宇文泰不得不与关陇地区的门阀士族联手，以稳定自己的地位。而西魏政权正是在武川军镇集团与关陇世家大族之间平衡的产物，而西魏统治阶层中鲜卑贵族的比重远无法像东魏那样，对汉族势力有压倒性的优势，因此造成了宇文泰不能像高欢那样迅速胡化，反而要在一定程度上迎合汉人的世家大族。钱穆先生就在《国史大纲》中说道："北周汉化，北齐胡化，风尚之异，亦由其立国基础而判也。"④

宇文泰为了迎合汉人世家大族，做的最重要的一件事就是复"周礼"。《周书·文帝宇文泰（下）》记载："（恭帝）三年春正月丁丑，初行《周礼》，建六官"，宇文泰按照《周礼》设置天、地、春、夏、秋、冬六官。⑤ 这一次的"复古改制"难

---

① 周扬：《北魏六镇防线的空间分析》，《中国国家博物馆馆刊》2017 年第 12 期，第 25、32 页。

② 王仲荦：《中国断代史系列——魏晋南北朝》，上海人民出版社 2003 年版，第 528 页。

③ 许嘉璐主编：《二十四史全译·周书》，汉语大词典出版社 2004 年版，第 15 页。

④ 钱穆：《国史大纲》，商务印书馆 1994 年版，第 343 页。

⑤ 许嘉璐主编：《二十四史全译·周书》，汉语大词典出版社 2004 年版，第 27 页。

道是宇文泰真心要复古吗？宇文泰所依靠的两个集团，武川军阵集团与关陇世家大族一直存在矛盾，尤其是鲜卑人对汉人本身就有仇视心理，很难在短时间消弭，改制后宇文泰任命的大宗伯（赵贵）、大司马（独孤信）、大司寇（于瑾）、大司空（侯莫陈崇）皆为鲜卑人，这就是在安抚这些鲜卑贵族。颁行《周礼》的目的就是为了消除胡、汉之间的对立情绪，调解二者之间的关系。① 而颁行周礼也是他生前干的最后一件大事，同年十月便病逝了。次年北周建立，因此这套官员体制被北周所沿用。

基于安抚关陇世家大族的目的，宇文泰在文化上也不能像高欢那样大张旗鼓地去汉化，反而要在一定程度上尊崇汉文化。反映到佛造像艺术，就是依然继承了北魏晚期佛造像风格，符合汉人的审美，仅稍做变化而已。

（2）崇尚节俭的宇文泰

西魏时期石雕造像和金铜造像极少，只有造像碑的数量较多，而且很少见到官方雕琢，石窟总数量也并不是很多。这是因为西魏的统治阶层不信奉佛教吗？当然不是！西魏文帝元宝炬是否信奉佛教，正史无载，但是在《续高僧传·卷二十三》中记载，文帝拜僧人道臻为师，并为其在京师立大中兴寺，尊道臻为魏国大统。出任僧统后，道臻将因战乱而破坏的僧制重新建立了起来。② 文帝信奉佛教可能跟大权旁落、自己是个傀儡皇帝有关。而真正掌握实权的宇文泰是否信奉佛教呢？据唐代法琳《辩正论》记载，宇文泰在长安建造魏国、安定、中兴等六大寺，剃度千人为僧；又造天保寺，供养法师僧玮及其弟子七十余人，还造大福田寺，

---

① 王敏庆：《北周佛教美术研究——以长安造像为中心》，社会科学文献出版社2013年版，第51—53页。

② （唐）释道宣：《四朝高僧传·续高僧传》，中国书店2018年版，第849页。

供养国师僧实禅师。① 西魏的统治者们依然是信奉佛教的，因此西魏造像极少与此关系不大，最主要的原因就是西魏政府穷！

当高欢挟孝静帝东迁之时，并不是仅仅带走了皇帝和大臣们，而是将洛阳城中 40 万户百姓一起带到了邺城，② 那个时代人口即意味着生产力以及赋税、徭役。《隋书·食货志》记载"是时六坊之众，从武帝而西者，不能万人劫余北徙"③，这就是说公元 534 年跟随元修投奔长安的人仅万人。因此可见北魏最后的人力、财力均为高欢所得。而宇文泰则是人、财匮乏。此时的南梁已经平稳发展了三十余年，国泰民安、国库充盈。无论是国力还是人力、财力，西魏都是后三国时期最弱的。

在此情况下，宇文泰启用汉人苏绰、卢辩处理朝政。为了充盈国库，苏绰采取的措施就是"节俭"。整个西魏时期，简朴、尚俭就成了治国方针。《周书·宇文泰（下）》"性好朴素，不尚虚饰"、《周书·苏绰》"绰性俭素，不治产业，家无余财"。再来看看宇文泰第八子上柱国大冢宰宇文俭墓中出土的陪葬品，宇文俭墓于 1993 年 12 月在修建咸阳国际机场停机坪时发现的，墓葬保存完好。墓中共出土随葬品 166 件，仅陶器就有 156 件，占到了出土陪葬品的 94%，玉器 2 件、铜器 1 件、铁器 6 件、墓志一合。④ 虽然宇文俭是在北周去世的，但是由此可见宇文泰家的财力了！西魏时期政府财力可见一斑了，如此缺钱，自然就没有多余的钱投入到建寺造像之中，这也是为什么西魏造像如此稀少的重要原因了！

由于西魏政权与北周政权关系极为紧密、延续性极强，因此

---

① 赖永海主编：《中国佛教通史（第二卷）》，江苏人民出版社 2010 年版，第 96 页。
② 许嘉璐主编：《二十四史全译·北齐书》，汉语大词典出版社 2004 年版，第 18 页。
③ 许嘉璐主编：《二十四史全译·隋书·第一册》，汉语大词典出版社 2004 年版，第 593 页。
④ 陕西省考古研究所：《北周宇文俭墓清理发掘简报》，《考古与文物》2001 年第 3 期，第 28、38 页。

上述两个原因不仅仅影响到西魏时期佛造像艺术风格，更是影响到了其后北周时期佛造像艺术风格，在探讨北周佛造像艺术风格特征形成原因时，不再赘述。

二　北周时期

西魏恭帝三月十二月，恭帝禅位于宇文觉，次年（557 年）春正月，宇文觉即位，改国号"周"，史称"北周"，而北周实际的权力掌握在宇文护手中，北周的前三任皇帝节闵帝宇文觉、明帝宇文毓、武帝宇文邕均为宇文泰之子，都是由宇文护拥立的，但也都是他的傀儡。宇文觉、宇文毓两帝均是被他所杀。[①] 而武帝宇文邕不愿充当宇文护的傀儡，同时对于宇文护诸子的贪婪十分厌恶，于是在天和七年三月（572 年）将宇文护及其一党诛杀，开始亲政。[②] 诛杀宇文护当年即改年号"建德"，建德六年（577 年）灭北齐，[③] 后三国时代结束。大定元年二月，隋王杨坚登基，北周灭。[④] 北周历三代五帝，凡二十四年。

虽然武帝宇文邕在建德三年即公元 574 年发动了灭佛运动，这也是中国佛教史上的第二次法难，但是仅四年后宇文邕便驾崩了，法难也随之结束。[⑤] 这并不影响北周时期佛造像的制作，因此北周时期佛造像尤其是带有明确纪年的造像数量远多于西魏时期。

1. 北周时期佛造像实例

北周有明确纪年的造像多于西魏，因此这一时期造像实例主要选取西安地区收藏的石雕造像、金铜造像和石窟造像。

①　许嘉璐主编：《二十四史全译·周书》，汉语大词典出版社 2004 年版，第 122 页。
②　许嘉璐主编：《二十四史全译·周书》，汉语大词典出版社 2004 年版，第 130—131 页。
③　许嘉璐主编：《二十四史全译·周书》，汉语大词典出版社 2004 年版，第 74 页。
④　许嘉璐主编：《二十四史全译·周书》，汉语大词典出版社 2004 年版，第 100 页。
⑤　赖永海主编：《中国佛教通史（第二卷）》，江苏人民出版社 2010 年版，第 103 页。

"北周武成二年造像"①。这件造像为碑林博物馆旧藏，是一件单体圆雕造像，高 2.54 米、最宽处 71 厘米。造像肉髻低矮如同一个土丘，上用阴刻细线刻出漩涡纹发髻，面型方圆，面部较短，颈部有蚕节纹；宽肩，躯体略显粗壮，身着通肩式袈裟，下身着裙，衣纹在胸部呈阶梯式，在两腿部分别呈 U 字纹，袈裟及裙下摆自然下垂，袈裟长度明显比西魏时期要短，可以看到小腿处的裙；造像右手已残，而左手在腹部握住袈裟衣角，跣足站立在覆莲莲台上，莲台下是一个方形台座。在台座正面本有长篇发愿文，但是风化严重，仅能看到"武成二年"四字。

武成二年，周明帝宇文毓的年号，即公元 560 年，此距西魏仅三年的时间，但是我们可以看到，造像风格发生了颠覆性的变化。其人物造像完全抛弃了"秀骨清像"的人物风格；袈裟也是印度的通肩袈裟，没有了潇洒飘逸而是紧贴躯体。

还有一个非常重要的变化，就是造像的左手，不是施与愿印而是握住袈裟的衣角，在西魏时期造型中并未见到这种处理手法，而且在后三国时代的南梁、东魏北齐的造像中都没有看到。但是，北魏晚期及南齐、南梁造像的左手同样不是施与愿印，而是半握空拳，似是要捏住何物。

造像中左手握住袈裟一角（袈裟右襟下角和左襟的下角一起）应是源自于印度佛教律典。《摩诃僧祇律》载："齐整被（披）衣应当学，齐整被衣时不得如缠轴，应当通肩被着，纽齐两角左手捉。捉时不得手中出角头，如羊耳。"唐道宣作《律相感通传》记载："余见古之瑞像今此方见制者，莫不以衣搭于左肩，然后取衣角共左臂内衣角，屈而捉之，努出两角，如羊耳之像。"两部律书都提到当披通肩袈裟时，要将右衣领的下衣角和左衣领的下衣角对齐，并握

---

① 李淞：《佛教美术全集 8 陕西佛教美术》，文物出版社 2008 年版，第 58 页。

在左手中，同时两个衣角不能露在手外面形成两只羊耳朵的形状。①
因此这件武成二年造像左手握住衣角是符合律典的。

左手握住袈裟的衣角，在十六国时期的造像中就已经出现
了，如炳灵寺第169窟第9龛的三尊立佛，三像均是左手握住袈
裟衣角，区别就是最西侧立佛左手在腿部，而另两尊佛像左手在
胸部；②再如台北故宫博物院藏北魏太和元年铜镀金佛坐像，虽
然身披半披式袈裟，但是左手依然握住袈裟一角；③但是黄河流
域到了北魏晚期、长江流域到了南齐时期，造像的左手都不再握
袈裟衣角而是形成半握空拳状。我们要注意的是，在南北各自的
这个时期内，佛造像本土化风格成为主流，也就是"秀骨清像、
褒衣博带"，而本土化的体现之一就是袈裟的披着方式，无论是
"褒衣博带式"还是"褒衣博带演化式"，右衣领均覆盖左臂。
褒衣博带式，右衣领搭在左小臂之后自然下垂，形成飘逸的视觉
效果；褒衣博带演化式，右衣领包住左小臂、左大臂后敷搭在左
肩之上，左手从下方伸出。这两种袈裟的披着方式都为了追求潇
洒、飘逸的艺术效果，也就都造成了一个结果，就是左手没有袈
裟的衣角可握。南梁第一阶段和第二阶段、西魏时期都延续了本
土化风格，因此我们看到造像左手都没有握袈裟。

本土化风格虽然改变了袈裟的披着方式，可是按照律典，左
手要握衣角，同时北魏中期之前的造像，多数都是左手握住衣角
的。因此律典的要求和艺术的传承，就造就了左手半握空拳的造
型，潜台词就是"衣角虽然没法握了，但是我手势要做到"，所
以这种左手的形态并非任何印契。

① 费泳：《中国佛教艺术中的佛衣样式研究》，中华书局2012年版，第25、27—28页。

② 董玉祥：《炳灵寺石窟第169窟内容总录》，《敦煌学辑刊》1986年第2期，第
152页。

③ 黄春和：《汉传佛像时代与风格》，文物出版社2010年版，第50页、图31。

图 3 - 7　僧贤造像

"北周保定二年僧贤造像"①。（图 3 - 7）这件造像是西安碑林博物馆旧藏，为一佛二菩萨二弟子背屏式造像，通高 48 厘米、宽 27 厘米。主尊佛肉髻低矮，磨光发髻，面庞方圆，颈部有蚕节纹；躯体健硕，身着通肩袈裟，袈裟薄衣贴体，仅在胸前、两臂处以阴刻细线表现衣纹，袈裟下部凸显双腿轮廓；双手虽残，但依稀看出右手施无畏印，倚坐在台座上，跣足踩在一覆莲莲台上。主尊佛两侧各有一胁侍菩萨，菩萨头戴宝冠，帛带自然垂在肩上，面部方圆、颈部有蚕节纹，上身披璎珞，下身着裙，裙紧贴腿部凸显双腿轮廓，在两腿部有 U 字形衣纹，跣足站立在一覆莲莲台上。在主尊佛和两菩萨间各有一弟子。主尊佛和两菩萨有头光，主尊佛身后有　身光，五像共用一个莲瓣形的背屏。台座正面开一连弧纹壸门，内雕两狮子拱卫香炉。在造像背面有八行发愿文"保定二年岁次壬午八月戊戌朔十二日……弟子僧贤香花供养"。保定二年，即公元 562 年。

我们可以看到，进入北周不久，之前西魏延续北魏晚期风格完全不见踪影，取而代之的是方圆的脸型、健壮的躯体、印度的

---

①　于春：《长安地区北朝佛教造像考古学研究》，博士学位论文，西北大学 2015 年，第 107 页。

通肩袈裟、笈多风格的薄衣贴体。而且这尊造像人物身体比例不协调，身材短粗。

"北周保定五年范令造释迦像"[①]（图3－8）。这件造像是1992年西安市北郊雷寨村村民在修整水田时发现的，现藏于西安碑林博物馆。佛像为青石圆雕，通高58厘米，肉髻低矮如同一个土丘，螺发、面庞方圆，面部较短、弯眉、嘴角带笑；躯体健硕、小腹微凸，内着僧祇支，外披通肩袈裟，右襟在胸部留有一个弧形领，袈裟薄衣贴体；右手施无畏印、左手残缺，跣足站立在覆莲莲座上。莲座下有一个高8厘米的方形台座，正面刻有发愿文"保定五年二月二十九日，清信女范令，为一切法解众生，为亡夫景略造释迦石像一躯，另得成就"。

"北周天和四年周亮智造释迦像"[②]（图3－9）。这是一件黑石圆雕

图3－8　范令造释迦像

造像，高46.5厘米，1957年采集自山西稷山县大郝村，现藏于山西博物院。造像肉髻低矮、螺发、面庞方圆、双眼微闭，颈部有蚕节纹，身着通肩袈裟，衣纹在胸前、两腿部呈U字形；右手残缺，左手握住袈裟衣角，跣足站立在一仰莲莲座上，莲座下是一方形台座，台座正面发愿文中有"周天和四年岁次乙丑……"

---

① 马鸣钟：《西安北郊出土北周佛造像》，《文博》1999年第1期，第71页。

② 郭志成、周桂香：《北朝晚期山西石雕佛教造像艺术风格初探》，《沧桑》2001年第4期，第37页。

图 3-9　周亮智造释迦像

图 3-10　张子开造释迦像

以及供养人"周亮智"姓名。

这件造像并非出自于长安地区而是在今山西运城地区，但是其造像风格与长安地区出土的北周造像风格相一致，说明北周时期长安地区佛造像风格的影响范围较广。

"北周大象二年张子开造释迦像"①（图 3-10）。这件造像是 2004 年 5 月在西安市灞桥区湾子村出土的，出土时一共有五尊大型立像，但只有这尊有明确纪年。造像为青石雕琢，佛像高 195 厘米、台座 43 厘米、长 75 厘米、宽 73.5 厘米。佛像肉髻低矮、螺发、面庞圆润、面部较短，双眼微闭下垂，嘴角微微上扬露出笑容；躯体健硕，身着通肩袈裟，袈裟右襟包住左臂敷搭至左肩，袈裟在胸前有浅 U 字形衣领，阶梯状衣纹并在上身、两腿处形成 U 字形，腿部袈裟紧贴躯体，袈裟及佛衣下摆微微外撇；右小臂残缺、左手从袈裟中伸出握住袈裟衣角，衣角露出手外似羊耳，这点有违律典；跣足站立在仰覆莲莲台之上；莲台下是一个近似正方形

① 赵力光、裴建平：《西安市东郊出土北周佛立像》，《文物》2009 年第 9 期，第 79—80 页。"张子开"在此文中，发愿文释读为"张子闻"，后经多次比对，最终定名为"张子开"。详见刘仕敏《西安北周张子开造立佛像相关问题探讨》，《文物世界》2016 年第 1 期，第 21 页。

的台座，在台座台面两角各有一个圆雕的狮子；台座正面刻有 245 字发愿文，内有"……正信佛弟子张子开……为七世父母敬造释迦玉像一区……"。

大象二年，即公元 580 年，两年后杨坚建隋、北周灭亡。可是这件造像与近二十年前的"武成二年佛像"的风格基本一致。

"北周天和五年马法先造释迦像"① （图 3 - 11，彩版三）。这是一尊铜镀金释迦立像，1977 年出土于西安市未央区，造像通高 18.2 厘米。肉髻低矮、螺发、面庞方圆、面部较短，弯眉、嘴角带笑，头后有圆形头光，头光内饰莲花纹，头光外沿装饰火焰纹；身穿通肩袈裟、衣纹呈 U 字形；右手施无畏印、左手握住袈裟衣角；跣足站立在仰覆莲莲座上，仰莲莲座坐直径较小、覆莲莲座直降较大，在覆莲莲座中间莲瓣上有一夜叉（或地天）托举香炉，两侧各有一个狮子。莲座下是一个开壶门的方形台座。在台座上阴刻发愿文"天和五年三月八日比丘马法先为七世父母法界众生敬造释迦牟尼像一躯供养"。天和五年，即公元 570 年。

图 3 - 11　马法先造释迦像

---

① 于春：《长安地区北朝金铜佛像形制与铸造技术特征》，《文博》2016 年第 3 期，第 38 页。

　　带有明确纪年的北周金铜佛像多为传世品，仅此一件能够明确出土时间与地点。这尊造像与同期石雕佛像风格一致，较石雕造像身体比例不协调的特点更加明显，头身比约为1∶4，这也是北周时期佛造像的一个显著特征。

　　麦积山石窟第62窟①位于西崖下部，为北周时期开凿，完整地保存了北周时期的原作。②窟形为方楣方形四角攒尖顶三壁三龛窟，正壁、左右壁各开一龛，龛内均为一佛二菩萨。

　　正壁主尊佛，头微下倾，肉髻残缺，磨光发髻，面庞圆润，内着僧祇支，衣带在胸前系结，外披双层袈裟，外层为半披式袈裟，内层为褒衣博带演化式袈裟，袈裟薄衣贴体，袈裟及佛衣下摆垂落于台座前，犹如裳悬座；右手施无畏印，左手拇指、中指与无名指相捻，食指与小指伸直，然后置于腿部；下身着裙，腿结跏趺坐坐于台座上。

　　左壁主尊佛，头微下倾，肉髻低平，磨光发髻，面庞方圆；躯体健硕，身披通肩式袈裟，衣纹在胸前形成对称的水波纹，袈裟薄衣贴体，袈裟及佛衣下摆垂落于台座前，犹如裳悬座；双手施禅定印，掌心向腹部；腿结跏趺坐。

　　右壁主尊佛与左壁主尊佛造型风格一致，差别仅右壁主尊佛肉髻缺失。

　　麦积山石窟北周时期佛造像与同石窟西魏时期造像相比出现了一些变化，首先就是面庞方圆，一改清瘦的造型逐渐向圆润过渡；其次，袈裟披着方式虽然还有西魏时期的褒衣博带式、半披式，但是多数以印度通肩式袈裟为主，这与南梁第二阶段晚期、

――――――

　　①　天水麦积山石窟艺术所编：《中国石窟·天水麦积山》，文物出版社1998年版，第280页、图218—220。
　　②　何洪岩：《麦积山石窟北周造像特点及演变脉络——以第62窟为例》，《天水师范学院学报》2015年5月，第22页。

第三阶段和同时期的长安佛造像风格相一致；最后，有个别佛像左手握住袈裟衣角，[1] 虽然这一手姿并不普遍。因此麦积山石窟北周时期造像风格应与南梁、长安都有着密切的关系。

炳灵寺石窟第 172 窟[2]位于第 169 窟北侧，是一处形状不规则的天然洞窟，洞窟高约 10 米、宽 7 米、深约 20 米。开凿于西秦、北魏时期，北周和宋代重修，内有北魏、北周时期雕塑、壁画。其中北壁下部有北周时期泥塑佛立像五尊，高 1.07 米，其形象一致。肉髻低平，磨光发髻，面庞方圆；内着僧祇支，外披垂领式袈裟，袈裟薄衣贴体，右手自然下垂握住袈裟衣襟，左手握袈裟于胸前；下身着裙，跣足站立在台座上。

这五尊立像的风格与南梁、长安地区相类似，已经开始向印度佛教造像艺术回归。在炳灵寺石窟北周时期佛像中，多见通肩袈裟，但是第 172 窟的五尊立佛袈裟披着方式较为少见，为"垂领式"。这一披着方式多见于坐像，披着方法是将袈裟敷搭两肩，左襟与右襟在胸前形成一个"V"字领，然后右襟包裹住右半边身体，包括右胸、右肩、右臂，之后衣襟右上角从右小臂下面穿上来搭至左肩，右襟和左襟的下衣角覆盖住佛像双手。[3] 由于第172 窟佛像为立像，因此披着方式稍有改动，就是右臂自然下垂，右襟包裹住右肩，右臂后上搭至左肩，而右襟和左襟的下衣角缠绕在胸前的左小臂上。"垂领式"袈裟不见于印度各时期佛像，我国最早出现在北凉时期制作的石塔，因而"垂领式"袈裟早期多见于河西、陇东一带的石窟造像中。

---

① 天水麦积山石窟艺术所编：《中国石窟·天水麦积山》，文物出版社 1998 年版，第 210 页。

② 甘肃省文物工作队、炳灵寺文物保管所编：《中国石窟：永靖炳灵寺》，文物出版社 1989 年版，第 257 页。

③ 费泳：《中国佛教艺术中的佛衣样式研究》，中华书局 2012 年版，第 251 页。

莫高窟第 290 窟①为中心柱塔庙窟，窟前部为人字坡顶，后部为平棋顶，中心塔柱四面各开一龛。东向是一个圆券大龛，龛内塑一倚坐佛，佛两侧塑弟子阿难与迦叶，龛外各塑一胁侍菩萨。佛像球形肉髻，磨光发髻，面庞圆润；躯体健硕，宽肩，内着僧祇支，衣带在胸前系结，外披褒衣博带式袈裟，以阴刻细线表示衣纹，袈裟紧贴腿部，跣足倚坐在台座上。

莫高窟北周时期造像不仔细看，很容易与莫高窟西魏时期相混淆，造像还是以褒衣博带式袈裟为主，如第 297 窟主尊佛、第 428 窟中心柱东向龛主尊佛、第 438 窟主尊佛等。②但是仔细观察，二者还是有区别的。首先，虽然两个时期佛像都披着褒衣博带式或褒衣博带演化式袈裟，但是在人物形象上并不一样，西魏时期保留了秀骨清像的特点，而北周时期则是面庞方圆、宽肩、躯体健硕；其次，龛内所塑造像组合上有区别，西魏时期仅一佛像，而北周时期龛内塑一佛二弟子，这是莫高窟北周佛造像艺术的新成就。③

莫高窟北周时期造像明显与同一时期中原地区造像风格不同，造像几乎不见通肩式袈裟，左手也不是握住袈裟衣角，多为掌心向上摊开。说明中原佛造像艺术的改变对于地处边陲的敦煌地区影响有限。

2. 北周时期佛造像艺术风格特点

（1）印度佛造像艺术风格基本完全取代了"秀骨清像、褒衣博带"的本土造像风格，袈裟多以通肩式为主，薄衣贴体，衣纹

---

① 敦煌研究院编：《敦煌石窟内容总录（1993 年修订）》，文物出版社 1996 年版，第 38 页。

② 敦煌研究院主编：《敦煌石窟全集 8　雕塑卷》，商务印书馆（香港）有限公司 2003 年版，第 49、52、57 页。

③ 郑炳林、张景峰：《敦煌石窟彩塑艺术概论》，甘肃教育出版社 2016 年版，第 118 页。

简略，尤其是单体石雕佛像，在两腿正面分布平行的"U"字纹，而这种衣纹在现实生活中是无法实现的。

（2）佛像肉髻低矮状如土丘、甚至是低平，佛像面庞方圆，个别的已经出现圆润的特征，头部的宽度要比长度略大，显得脸短；造像躯体不再是修长的，而是愈发的健硕，肩部较宽、身体厚度增加，体现出粗壮、朴拙的新风尚。

（3）造像头身比大于南梁以及东魏—北齐造像，也不符合人的正常头身比，关陇地区造像表现尤为明显。

（4）佛像的左手握住袈裟衣角，已符合律典的要求。

（5）从前面的例子我们可以看到，北周时期佛造像艺术风格的变化，关陇地区是最大的、也是最快、最彻底的，但是越是向西，前期造像风格保留就越多、变化就越慢，天水麦积山石窟和永靖炳灵寺石窟为中间过渡，而远离中原的敦煌莫高窟，造像风格变化最慢，明显保留有一些西魏甚至北魏晚期造像特征。

3. 北周时期佛造像艺术风格特点形成原因

北周时期佛造像艺术风格的变化相对于西魏时期而言，既快又彻底，在西魏灭亡仅三年后的"武成二年佛立像"上就几乎看不到西魏时期的风格特征了。南梁和东魏—北齐佛造像艺术风格变化都没有这么快，而是循序渐进，逐渐的再改变。其实，这也是北周佛造像艺术风格的一个特点。这一特点以及北周时期佛造像艺术风格是如何形成的呢？不外乎政治、经济和文化交流的因素，但是这里的文化交流主要是与同为后三国时代的南梁之间的交流，而非与外来文明间的交流。我们就先谈谈南梁文化对于北周时期佛造像艺术的影响。

（1）对先进文化的吸收

在后三国时代中，西魏的文化是最弱的，而北周在文化方面明显得到了提升，这个转折点就在公元554年的"江陵之陷"。

　　梁武帝太清二年爆发了侯景之乱，武帝诸子均按兵不动，直至次年梁武帝去世、侯景立武帝三子萧纲为帝即梁简文帝，武帝诸子开始自立为帝并相互征伐。武帝第七子湘东王萧绎时任景州刺史，手握重兵，然而仅派其子萧方等率步骑万余人东援建康。公元552年，荆州兵平侯景之乱入建康，王僧辩纵兵劫掠。至夜间，放火焚毁皇宫、衙署，太极殿及东西堂、延阁、秘署皆被烧光，仅有武德、五明、重云殿及中书、门下、尚书三省被抢救。①《南史·侯景传》"都下户口，百遗一二，大桁南岸，极目无烟"②，可见此次浩劫后都城建康之荒凉。

　　建康的破败导致了一个重要的后果，即南朝文化重心由江左移至长江中游的江陵：一是建康虽然被劫掠一空，但是内府中大量前代的书画被抢救出带至江陵；二是早在侯景之乱时，部分江左士族就逃亡至江陵，因而公元552年，萧绎在江陵称帝时，朝廷之中建康士族几乎过半。③自此，江陵就成了南朝的文化重镇。

　　萧绎在江陵称帝即梁元帝，改年号"承圣"，此时他要面对的最大威胁就是北方的西魏。而江陵北方的屏障襄阳是雍州刺史驻地，侯景之乱时，时任雍州刺史为昭明太子第三子萧詧，举襄阳依附于西魏，西魏也扶持萧詧为傀儡；东北方向的随、安陆两郡已于梁太清三年（549年）陷于西魏，而西边的益州也在承圣二年（553年）为西魏所夺，此时的江陵陷入了三面包围之中。④

------

　　① 王仲荦：《中国断代史系列——魏晋南北朝史》，上海人民出版社2003年版，第422、426页。

　　② 许嘉璐主编：《二十四史全译·南史·第二册》，汉语大词典出版社2004年版，第1708页。

　　③ 王光照：《梁季江陵政权始末及江左士族社会变迁》，《安徽大学学报》2015年第6期，第9页。

　　④ 陈峰韬：《后三国战争史：从北魏分裂至隋灭南陈》，台海出版社2018年版，第352页。

西魏恭帝元年（554 年），宇文泰命于谨、宇文护统兵南下，与萧詧合兵，同年十一月破江陵、杀萧绎，南梁江陵政权就此灭亡，此为"江陵之陷"。

虽然江陵政权仅有三年不到，但是自侯景之乱后，江南的文化中心就由建康转至江陵。梁元帝萧绎本身能诗善画，极其注重文化，《隋书·经籍志》中记载："元帝克平侯景，收文德之书及公私经籍，归于江陵，大凡七万余卷"①；当西魏军入江陵时，梁元帝内府收藏的图书达十四万卷以及大量武帝时内府的绘画作品。② 江陵之陷，这些书画并未全部化为灰烬。《周书·唐瑾传》中记载："及军还，诸将多因房掠大获财物。谨一无所取，惟得书两车载之以归"，唐瑾是于谨讨伐江南时的元帅府长史；③ 唐代张彦远《历代名画记·叙画之兴废》"于谨等于煨烬之中，收其书画四千余轴，归于长安"④。由此可知，当时西魏入江陵后，抢救了一些南梁内府藏书画，虽然"得书两车""书画四千余轴"在数量上与南梁内府所藏是无法相比的，但是这些书画对于文化艺术相对滞后的西魏政权来说也是相当可观的，对于提升西魏乃至北周时期的文化、艺术水平有着重要作用。⑤

随于谨等人入关陇的不仅有经籍、绘画，更为重要的是江南

---

① 许嘉璐主编：《二十四史全译·隋书·第二册》，汉语大词典出版社 2004 年版，第 803 页。

② 王敏庆：《北周佛教美术研究——以长安造像为中心》，社会科学文献出版社 2013 年版，第 20 页。

③ 许嘉璐主编：《二十四史全译·隋书·第二册》，汉语大词典出版社 2004 年版，第 403 页。

④ （唐）张彦远著，俞剑华注释：《历代名画记》，上海人民美术出版社 1964 年版，第 9 页。

⑤ 王敏庆：《北周佛教美术研究——以长安造像为中心》，社会科学文献出版社 2013 年版，第 20 页。

士人。《南史·梁本纪》"汝南王大封、尚书左仆射王褒以下，并为俘以归长安"，自尚书王褒以下的江陵官员悉数解往长安。①王褒出身于南朝一等高门琅琊王氏，时为南朝文坛代表人物之一。此时南朝文坛另一领袖庾信，早在梁元帝即位之时、出使西魏便被扣留在长安了。②王褒、庾信等南梁文人的到来，使得原本落后的西魏—北周文化迎头赶上了当时的文化潮流。而南朝文化对于西魏—北周的影响是全方位的，不仅包括文学，还有书法绘画艺术，当然也包括雕塑艺术。③说到南梁对西魏—北周画坛的影响，就不得不提一个人——郑法士。

郑法士在《梁书》《周书》《南史》等正史皆无传，主要事迹出自于张彦远的《历代名画记》。《历代名画记·卷八·郑法士》载"伏道张门，谓之高足……江左自僧繇以降，郑君是称独步"④，这段记载告诉我们，郑法士最初不在北周而在南梁，并且是大画家张僧繇的弟子，而且在当时已经取得了很高的成就，是张僧繇后第一人。郑法士成名于江左，但是主要艺术活动在北周，应是随王褒等人一起入长安的。作为张僧繇的高足，自然"面短而艳"的绘画风格也就传入到了西魏—北周。

江陵之陷距西魏灭亡只有三年，郑法士对西魏画坛的影响不会太大，但是对于北周画坛的影响是深远的，进而影响到北周的造像风格。当然，并不是说北周画坛和雕塑风格的改变因郑法士一人，郑法士是作为众多南梁画家的一个代表，要说明的就是南

---

①　许嘉璐主编：《二十四史全译·南史·第一册》，汉语大词典出版社 2004 年版，第 193 页。

②　许嘉璐主编：《二十四史全译·周书》，汉语大词典出版社 2004 年版，第 521 页。

③　王敏庆：《北周佛教美术研究——以长安造像为中心》，社会科学文献出版社 2013 年版，第 24—25 页。

④　（唐）张彦远著，俞剑华注释：《历代名画记》，上海人民美术出版社 1964 年版，第 160—161 页。

梁画家甚至是大量的南梁工匠对于北周绘画艺术、雕塑艺术的影响。这也就解释了为什么一入北周,佛造像风格与西魏时期迥然不同。

南梁绘画艺术的传入仅仅是北周时期佛造像艺术风格形成的原因之一,而其造型上笈多艺术风格的体现,更多的应是与南梁时期佛造像艺术整体风格传入有关。

(2)笈多艺术的传入

在长安地区及炳灵寺石窟、麦积山石窟的北周造像,明显体现出了印度笈多时期秣菟罗风格的特点:通肩式袈裟、薄衣贴体、衣纹简略、面庞方圆等;但是敦煌莫高窟北周时期造像更多体现的反而是西魏甚至是北魏晚期佛造像艺术特征:褒衣博带式袈裟、袈裟下摆微微外展等。说明北周造像中的印度艺术特征并不是从绿洲丝绸之路而来,应该是源自于南梁。

南朝佛造像艺术风格传入西魏—北周的路线走的是"金牛道"。"金牛道"存在的时间很早,战国时秦灭巴蜀极有可能就由此道入蜀,"金牛"二字最早见于庾信《周大将军司马裔神道碑》;"金牛道"之名最早见于唐肃宗宝应元年(762年),古时凡从汉中至成都之间的路皆可称为金牛道。① 现在在绵阳东北四公里处的平阳汉阙上,补凿有萧梁大通三年佛像及菩萨像;剑阁的涪江边,广元皇泽寺及千佛崖上均有北周时期石窟;② 在成都北的茂县、汶川均出土有南朝佛造像。南北朝时期的金牛道线路为:由成都出发,向北经绵阳至剑阁到广元,后至汉中。至汉中后可分多路,一路由汉中至天水,这样就影响到了麦积山石窟;另一路由汉中走"褒斜道"至长安,影响到长安地区的佛造像艺术风格。

---

① 孙启祥:《金牛古道演变考》,《成都大学学报》2008年第1期,第82—83页。
② 雷玉华:《四川石窟分区与分期初论》,《成都考古研究》2016年,第352页。

从前文分析可以看到，炳灵寺石窟、莫高窟造像都有长安造像的影子，如左手握住袈裟衣角，因此可以判定陇东、陇右及河西走廊上石窟内的造像风格除了受到南梁佛造像艺术风格影响外，还会受到长安地区佛造像艺术风格的影响。长安地区佛造像艺术风格传播路线应有两路：一路经咸阳至固原，由靖远渡黄河进入河西走廊，这样影响到固原须弥山石窟及河西走廊上的石窟；另一路经宝鸡、天水、临洮、兰州入河西走廊，可以影响到麦积山石窟、炳灵寺石窟。①

在这里我们还要关注一个问题，就是北周王朝控制着绿洲丝路中的陇右道、河西走廊，完全有条件与笈多王朝进行往来，直接学习笈多时期的佛教艺术，但是北周佛造像艺术中的笈多艺术却是来自于南梁而非笈多艺术的发源地——印度。这就与突厥的崛起有着密切的关系。《周书·异域（下）》记载，② 突厥为匈奴别部，其首领姓"阿史那"，以狼为图腾，后来臣服于蠕蠕即柔然，成为柔然人铁匠。公元6世纪初，其首领位传至土门，部落逐渐强盛起来。在西魏大统十一年的时候，宇文泰曾派人出使突厥，土门大喜，然后向西魏求婚，宇文泰许。大统十七年，以魏长乐公主嫁与土门。魏废帝元年即公元552年，土门率部出兵柔然，大败柔然，柔然首领阿那环自杀，其子庵罗辰投奔北齐，突厥部落开始强大起来，土门也自称伊利可汗。

当突厥可汗传位至木汗可汗时，突厥开始四处征战，在西魏废帝年间（554—557年）突厥先后在西面击败了中亚的嚈哒人、东面击败了契丹人；北周明帝三年（559年）击败了吐谷浑。此时，突厥人控住了丝路中重要的一环中亚以及河南道的一端吐谷

---

① 石云涛：《三至六世纪丝绸之路的变迁》，文化艺术出版社2007年版，第62—63页。

② 许嘉璐主编：《二十四史全译·周书》，汉语大词典出版社2004年版，第645页。

浑。绿洲丝路葱岭以西的道路被突厥人控制，而突厥人本身的信仰并不是佛教，直到公元 572 年佗钵可汗即位才改宗佛教，大量建寺以及译经。[①] 因此，在公元 572 年之前，控制着绿洲丝路重要环节的突厥人，很难去传播佛教，更不要说佛教艺术了。所以，北周时期只能是间接地接触到印度笈多艺术，也就是源自于南梁的绘画与雕塑艺术。

小　结

西魏时期佛造像艺术风格受到当时政治因素影响是比较大的，宇文泰的武川集团与关陇世家大族之间的关系，造成了其政策的走向，在政治、文化等方面尽量要延续北魏晚期的汉化政策，但同时又要兼顾武川集团鲜卑人的诉求。反映到佛造像艺术上，就是依然能够见到北魏晚期"秀骨清像、褒衣博带"的特征，但是裓裟及佛衣下摆出现了去汉化的表现，即将北魏晚期的向两侧外展转为自然下垂。

北周建立之后，佛造像风格立刻为之一变，几乎没有过渡阶段。这也是与西魏末年攻占江陵、大量南梁士人北迁有关。作为后三国时代文化最为发达的南梁，其文学、绘画、雕塑等方面都有一批顶级的士人，当他们进入西魏之后，迅速改变了西魏的文化状态。由于"江陵之陷"仅三年后西魏灭亡，实际上影响的是北周时期的文化。因此在北周都城长安的佛造像，其风格更多地融入了转自南梁的笈多艺术，并且传播至麦积山石窟、炳灵寺石窟。

---

① ［俄］B. A. 李特文斯基主编：《中亚文明史（第三卷）》，马小鹤译，中国对外翻译出版公司 2003 年版，第 281 页。

第四章　后三国时代之东魏—北齐佛造像艺术风格特征及其形成原因

公元534年，东魏建立之后，权力一直掌控在高欢父子手中，而高欢及其长子高澄先后在武定五年（547年）和武定七年（549年）去世，高欢次子高洋便接掌了东魏的权力。武定八年，孝静帝封高洋为齐王，同年五月，孝静帝将皇位禅让给高洋，改元"天保"①，史称"北齐"，东魏亡。东魏历一帝，凡十六年。高洋建立的北齐，胡、汉矛盾日益加深且政治日益腐败，致国力日渐衰弱，终于在承光元年（577年）为北周所灭。北齐历三代六帝，凡二十七年。

表4-1　　　　　　　　　东魏—北齐世系表

朝代	谥号	姓名	年号	使用时间	世系
东魏	孝静帝	元善见	天平	534₊—537	清河文宣王元亶世子
			元象	538—539₊二	
			兴和	539₊二—542	
			武定	543—550五	

---

① 许嘉璐主编：《二十四史全译·魏书·第一册》，汉语大词典出版社2004年版，第180—181页。

续表

朝代	谥号	姓名	年号	使用时间	世系
北齐	文宣帝	高洋	天保	$550_{五}$—559	神武帝高欢次子
	废帝	高殷	乾明	$560_{二}$—$560_{八}$	文宣帝高洋长子
	孝昭帝	高演	皇建	$560_{八}$—$561_{十二}$	高欢第六子
	武成帝	高湛	大宁	$561_{十二}$—$562_{四}$	高欢第九子
			河清	$562_{四}$—$565_{四}$	
	后主	高纬	天统	$565_{四}$—569	武成帝高湛长子
			武平	570—576	
			隆化	$576_{十二}$—$576_{十二}$	
	幼主	高恒	承光	$577_{二}$—$577_{二}$	后主高纬长子

第一节　东魏—北齐时期佛造像遗存

东魏—北齐时期的佛造像遗存无论是种类还是数量是后三国时代最丰富的，尤其是石雕造像和金铜造像，不仅是数量多，而且带有明确纪年的造像年代分布广、时代特征极为明显。由于数量大，东魏—北齐时期带纪年造像的数量目前还没有权威的统计，但是几个重要的佛教造像窖藏的资料非常丰富，足以说明每个阶段佛造像艺术的特征。在谈论东魏—北齐时期佛造像艺术风格时，还是以石雕造像、金铜造像为主，辅以石窟造像，不选取造像碑。

一　石雕造像遗存

东魏—北齐石雕造像是三种遗存中最为丰富的，时间跨度大、题材广泛、时代特征明显。这一时期的石雕造像主要集中在今天河北、山东两省，其中以三大造像窖藏最为重要。

1. 曲阳修德寺遗址佛教造像窖藏

曲阳修德寺遗址位于曲阳县城垣外西南，遗址北面百米左右就是护城河，其余三个方向都是农田。寺址南面有一座北宋建造的修德寺砖塔。修德寺遗址内佛教造像窖藏的发现是一个偶然事件。

1953 年 10 月 19 日，曲阳县南关农民唐文狗在遗址内挖白薯窖，发现了很多残石造像，于是马上上报给县里，县文化科又紧急联系了文化部。11 月，文化部社会文化事业管理局的罗福颐、故宫博物院的郑珉中和北京历史博物馆（中国历史博物馆前身）的李锡经前往遗址考察并试挖掘，得到了很多残石造像，于是决定次年开春后正式发掘。

1954 年 3 月 25 日，由文化部社管局、故宫博物院、北京历史博物馆以及河北省文管会组成的联合考古队正式开始发掘。考古队在一个早于五代的佛殿下面发现了两个造像窖藏坑：甲坑，南北长 2.5 米、东西宽 2.6 米，在坑深 1.8—2.6 米的地方发现了大量残石造像；另一个为乙坑，坑深 1.75 米，里面共发现了石佛座 3 个、石佛身 1 个，两个窖藏坑总共出土了残石造像及石雕乐人 2200 余件。从发掘现场推测，甲坑在埋藏后没有被发现，而乙坑在埋藏后被发现了，坑内的大型造像可能被当作石材加工利用了，因为在修德寺遗址中，有的柱础是由北齐时期的大佛佛身改造而来的。[①]

当 4 月 22 日考古工作结束后，全部造像被运往北京，在故宫博物院进行黏接、修复，最终得到造像 2200 余件，其中有明确纪年的 271 件，年号最早的为北魏神龟三年即公元 520 年，最晚的是唐天宝九年即公元 750 年，其中东魏 46 尊、北齐 116 尊。

---

① 李锡经：《河北曲阳县修德寺遗址发掘记》，《考古通讯》1955 年第 3 期，第 38—41、43 页。

从纪年可以看到这批造像历经北魏、东魏、北齐、隋、唐五个时代，跨度达230余年。[1]

这批造像是因为发现于修德寺遗址中，才在最初被称为"修德寺白石造像"，但这些造像都是在修德寺中供奉的吗？我们先确定修德寺是什么时候建的。在修德寺塔距地面约5丈的地方嵌有三块带有铭文的石刻，其中一块石刻的发愿文"维大宋天禧三年四月八日，定州曲阳县曲阳乡赵常村……本县修德寺舍利塔……"，"大宋天禧三年"即北宋真宗年号，公元1019年，因此可以知道"修德寺"之名至迟在北宋已经存在了，[2] 但这并不一定是建寺时间。根据隋朝费长房所写《历代三宝记》卷一、二的记载，隋文帝在开皇元年（581年）闰三月，曾下诏于五岳之下各立一寺。而北岳恒山在清顺治十七年（1660年）之前就是在今天曲阳县北边阜平县境内，金明昌四年（1193年）之前，恒山属于当时的曲阳县。[3] 因此，隋文帝开皇年间北岳恒山下所立之寺就应该在曲阳县。1994年的时候，在修德寺塔地宫中出土了一方石函，在函盖上刻有铭文"维大隋仁寿元年岁次辛酉十月辛亥朔十五日乙丑，皇帝普为一切法界幽显生灵，仅于定州恒阳县恒岳寺奉安舍利，敬造灵塔……"[4]，仁寿元年，即公元601年；恒阳县，最初名为"上曲阳"，北齐时改"曲阳"，隋开皇七年（587年）改"恒阳"，即今天的曲阳县，[5] 恒岳寺也就是修德寺的前身。至此修德寺的基

---

① 冯贺军：《曲阳白石造像研究》，紫禁城出版社2005年版，第141、149—218页。

② 罗福颐：《河北曲阳县出土石像清理工作简报》，《考古通讯》1955年第3期，第36页。

③ 孟娜：《古北岳恒山考》，《保定学院学报》2010年第2期，第123、125页。

④ 王丽敏、杨丽平、王明涛：《修德寺与修德寺塔》，《文物春秋》2009年第6期，第14—15页。

⑤ 许嘉璐主编：《二十四史全译·隋书·第一册》，汉语大词典出版社2004年版，第761页。

本沿革有了一个大概的轮廓，隋开皇年间建恒岳寺、仁寿元年建修德寺塔、北宋天禧三年时已称修德寺并一直沿用至新中国成立初。修德寺佛教造像窖藏中，有明确纪年最晚的是唐天宝九年，因此这批造像的制作、供奉都与修德寺本身无关。

从上述内容可知道，在隋代之前没有修德寺，因此其中北魏至北齐期间的造像来自于哪？在271个题记中，总共涉及了8处寺院名称，皆为后三国时期的。其中东魏有追恩寺、高仲景寺；北齐有庄严寺、忠明寺、刘勰寺、高阳公寺、苌湟寺、张市寺。隋代之前的造像很可能与这些寺院有关，只不过这些寺的规模可能不大，因此在《曲阳县新志》《定州志》等志书中都没有记载。①

收藏这批造像的博物馆有故宫博物院、中国国家博物馆、河北博物院、辽宁省博物馆、新疆维吾尔自治区博物馆、定州博物馆等单位。

2. 黄骅县（今黄骅市）白石造像

1980年11月26日，黄骅县旧城村农民在动土的时候发现了石雕造像，马上上报给黄骅县文化馆。文化馆立刻派人前往勘察，并于12月6日开始发掘、清理。这是一个造像窖藏坑，距离旧城西墙仅6米，坑呈不规则梯形，坑口在地表下40厘米，长4.25米、宽4米、深1.1—1.4米。出土了大量残缺不全的残件，经过清洗、拼接，最后得到造像58件。1981年，在旧城村西北约20公里的岭庄村也发现了一个造像窖藏，出土有6件白石造像。②

黄骅县（今黄骅市）总共出土有白石造像64件，其中51件有发愿文，带明确纪年的造像仅有一件是唐代的，保存较为完好的造像中，东魏7尊、北齐16尊。这批造像主要收藏在黄骅市博物馆。

---

① 冯贺军：《曲阳白石造像研究》，紫禁城出版社2005年版，第14页。
② 岳改荣：《河北北朝石质纪年佛造像研究》，博士学位论文，河北师范大学，2019年，第11页。

表 4－2　　**黄骅县（今黄骅市）窖藏　东魏—北齐纪年造像**①

	名　称	类型	朝代	年号	公历纪年
1	僧□□造菩萨立像	单体	东魏	武定元年	543 年
2	僧旷造像	单体		武定元年	543 年
3	比丘尼僧腾造释迦坐像	单体		武定二年	544 年
4	王妙造太子思维像	单体		武定四年	546 年
5	僧□造佛像	背屏		武定五年	547 年
6	比丘僧惠休等造佛像	背屏		武定七年	549 年
7	比丘僧昙夷造菩萨立像	单体		武定八年	550 年
8	慈仲贵造思维像	背屏	北齐	天保元年	550 年
9	比丘法聪等造像	背屏		天保四年	553 年
10	常武周造菩萨立像	背屏		天保四年	553 年
11	沙门尼昙轨造菩萨立像	背屏		天保四年	553 年
12	比丘僧法洛等造菩萨立像	背屏		天保五年	554 年
13	常业洛造双观音像	背屏双身		天保五年	554 年
14	刘思等造双菩萨立像	背屏双身		天保五年	554 年
15	魏延俊造菩萨立像	背屏		天保九年	558 年
16	许伯迁等造菩萨立像	背屏		天保九年	558 年
17	常子恭造思维立像	背屏		天保九年	558 年
18	常映海造观世音立像	背屏		乾明元年	560 年
19	常□礼造双观音像	背屏双身		皇建元年	560 年
20	徐子仲造双菩萨立像	背屏双身		皇建二年	561 年
21	徐封龟造双观世音立像	背屏双身		皇建二年	561 年
22	一佛四菩萨像	背屏		天统二年	566 年
23	徐思礼造思维像	背屏		天统三年	567 年

---

　　① 岳改荣：《河北北朝石质纪年佛造像研究》，博士学位论文，河北师范大学，2019年，第 61—62、128—132 页。

3. 诸城佛造像窖藏①

1988 年春天，诸城市在南郊小山丘上修建体育场，发现了大批的造像残块，经过清理发掘，总共出土佛、菩萨头像 40 余件、造像躯体 90 余件、残足佛坐 60 余件，还有一些残肢等。造像质地为石灰岩和汉白玉两种，部分造像上保留有彩绘、贴金。

诸城在东魏—北齐时期称东武县，属胶州管辖，是胶州州治所在，同时也是高密郡郡治所在，② 因此政治、经济、文化较为发达。诸城距离青州较近，因此其造像风格接近青州龙兴寺窖藏的造像风格。

诸城窖藏造像共有 20 件带有铭文，其中有四件有明确纪年，东魏、北齐各两尊，北齐时期的两件保存情况较差。这批造像现在收藏于诸城市博物馆。

表 4 – 3　　　　　　　诸城窖藏　东魏—北齐纪年造像

	名称	类型	朝代	年号	公历纪年
1	士继叔造释迦像	背屏	东魏	武定三年	545 年
2	夏侯丰珞等造弥勒像	背屏	东魏	武定四年	546 年
3	僧济木造像	单体	北齐	天保三年	552 年
4	孟表造弥勒像	残缺	北齐	天保六年	555 年

4. 青州龙兴寺佛教造像窖藏

青州龙兴寺佛教造像窖藏是在 1996 年发现的，这一年的秋天益都师范学院扩建新的操场，10 月 5 日的早晨，操场北边的青

---

① 诸城市博物馆：《山东诸城发现北朝造像》，《考古》1990 年 8 月，第 717—719 页。
② 牟松发、毋有江、魏俊杰：《中国行政区划史——十六国北朝卷（下）》，复旦大学出版社 2017 年版，第 699—700 页。

州市博物馆王华庆馆长到平整后的工地散步，在工地西北角发现推土机翻出来的土颜色与别的地方不同，于是叫来了博物馆的夏名采先生。两人在场地勘察，在场地东侧发现了一个近似圆形的凹坑，非常像一个盗洞，于是又找人一起沿着这个坑下挖，在将近挖了3米深的时候发现了造像。后来经询问才知道，这个凹坑是一个没有完工的废井，因为村民在打井的过程中不断地挖出造像碎块，而且越挖越多，打到2米多深的时候感觉太费力，就换到别处去打了。非常幸运的是，井的位置是在窖藏的边缘，否则会有更多的造像被破坏，也庆幸村民们放弃了这个井。①

由于造像的发现，于是紧急上报山东省文物局，同时转报国家文物局，并在10月7日开始了抢救性发掘，一直持续到15日。经过八天紧张、艰苦的发掘，不仅发掘了佛教造像窖藏坑，而且还勘探清楚了龙兴寺遗址的范围。

龙兴寺佛教造像窖藏位于龙兴寺遗址的北部，即龙兴寺遗址中轴线北部大殿后约7米的地方。窖藏坑是一个长方形，东西长8.7米、南北宽6.8米，坑底距离现在的地表3.45米。在坑偏东部有一个偏东北向的长6.3米、宽0.9米的斜坡，很有可能是当时为了运送佛像入坑而挖的。窖藏坑的坑壁垂直于坑底、四个拐角明显，应是有意挖成的。坑的中间偏西一点就是最初发现的那个废井，②西南角有一个直径2.5米、深0.8米的圆井，此井毁于明代，开挖年代不详，其内出土有4件造像的头部以及部分造像残件。窖藏坑中的造像分为上、中、下三层平放，只有坐像为立式摆放。③

---

① 夏名采：《青州龙兴寺佛教造像窖藏》，生活·读书·新知三联书店2004年版，第17—18页。

② 夏名采：《青州龙兴寺佛教造像窖藏》，生活·读书·新知三联书店2004年版，第46页。

③ 山东省青州市博物馆：《青州龙兴寺佛教造像窖藏清理简报》，《文物》1998年第2期，第4—5页。

从发掘情况分析，这个窖藏是没有被盗过的，仅有两个井坑，因此才能够出土众多的造像。窖藏坑共出土佛像头部、菩萨像头部、造像残身等共计430余件；而清理出的大大小小的造像残身、头部以及残件达到了一千多件。① 造像的质地除了没有铜像外，共有石灰石、汉白玉石、花岗岩、铁、陶、泥塑、木七种材质，其中石灰石材质最多，占到了全部造像的95%。②

龙兴寺窖藏的发现也给我们留下了一些遗憾，首先就是造像的底座几乎全部缺失；第二就是题记极少，因为台座几乎全部缺失，就造成其中带有明确纪年的我们无法看到，这对于判定造像年代以及相关信息的获取造成了一定的困难。在430余件造像中，仅有八件带有发愿文题记的，其中七条有明确纪年，最早的是"永安二年"，这是北魏孝庄帝元子攸的年号即公元529年；纪年最晚的出自一件罗汉像，上面的题记已经模糊不清，仅能辨别出"天圣四年"，这是北宋仁宗赵祯的年号即公元1026年，其中东魏—北齐的有三件（详见表4-4）。③ 龙兴寺窖藏造像历北魏、东魏、北齐、隋、唐、宋六代，跨度将近六百年。

虽然龙兴寺窖藏中带有东魏—北齐明确纪年的造像仅有三件，但根据大量带明确纪年的造像分析出东魏—北齐时期造像特征，龙兴寺窖藏中未带明确纪年的造像时代特征非常明显，仍然可以判定其准确年代，北齐时期造像尤其明显，因此学术界依然将这些造像视为标准器。这一特点不仅仅存在于龙兴寺窖藏造像，曲阳修德寺窖藏、邺城北吴庄窖藏都有这个特点。这也反映

---

① 夏名采：《青州龙兴寺佛教造像窖藏》，生活·读书·新知三联书店2004年版，第104页。

② 李森：《青州龙兴寺历史与窖藏佛教造像研究》，山东大学出版社2012年版，第2页。

③ 夏名采：《青州龙兴寺佛教造像窖藏》，生活·读书·新知三联书店2004年版，第97页。

出东魏—北齐时期佛造像艺术风格时代特征极其鲜明。

表 4 - 4　　　　　　龙兴寺窖藏　东魏—北齐纪年造像①

	名　　称	类型	朝代	年号	公历纪年
1	邢长振造弥勒像	背屏	东魏	天平三年	536 年
2	尼智明造佛像	背屏	东魏	天平三年	536 年
3	郭虎造像	背屏	北齐	天保四年	553 年

　　造像题记中最晚的是北宋天圣四年，窖藏是否在这一年埋藏的呢？在窖藏中还出土有 120 枚钱币，时代最晚的是一枚崇宁通宝。② 崇宁是宋徽宗的年号，共用了五年，在公元 1102—1106年。因此龙兴寺窖藏最后的埋藏年代应该是北宋徽宗时期。

　　龙兴寺佛教造像窖藏出土的造像，普遍体积较大，最大的可以达到 3.1 米、重达 1 吨；③ 雕刻技法高超、造像身体比例协调、线条流畅；而且 90% 以上的造像保留有彩绘、贴金。④ 说明供奉、收藏这些造像的龙兴寺等级很高，绝非一般普通的寺院。

　　造像纪年中最早的是北魏永安二年，龙兴寺很有可能始建于北魏晚期。而有关龙兴寺沿革最早的记录，是元代益都人于钦所著的《齐乘》，在《齐乘·卷四龙兴寺》中记载："……乃南史刘善明宅耳，碑阴金人刻曰'宋元嘉二年但呼佛堂'，北齐武平四年赐额南阳寺，隋开皇年间改曰长乐又曰道藏，则天天授二年

---

　　① 李森：《青州龙兴寺历史与窖藏佛教造像研究》，山东大学出版社 2012 年版，第 99 页。

　　② 夏名采：《青州龙兴寺佛教造像窖藏》，生活·读书·新知三联书店 2004 年版，第 106 页。

　　③ 夏名采：《青州龙兴寺佛教造像窖藏》，生活·读书·新知三联书店 2004 年版，第 29 页。

　　④ 陈晓温、赵宏伟：《青州佛教文化启示录》，《佛教文化》1997 年第 1 期，第 10 页。

改名大云，玄宗开元十八年始号龙兴寺。"① 于钦的这段记载对于考证龙兴寺的历史沿革是非常重要的，下面详细解读一下这段文字。

"南史刘善明"在《南齐书》中有传，《南齐书·列传第九·刘善明》载，② 刘宋泰始二年（466 年），晋安王刘子勋被拥立为帝与明帝刘彧争夺帝位，③ 时任青州刺史的沈文秀依附于刘子勋，据青州反叛，④ 此时在青州城内的刘善明聚齐族人、门客三千余人，夜里杀出青州城投奔北海太守、大伯刘怀恭。由于刘善明举家出城，刘家老宅便被舍弃了。

"碑阴金人刻"是指金朝人在宋代《龙兴寺碑》的碑阴上所刻内容，而《龙兴寺宋碑》早已下落不明。

"佛堂"是指安置佛像的殿堂。北宋夏竦撰写的《青州龙兴寺重修中佛殿记》"寺中有殿，元嘉二年建"⑤，这个佛堂后来成为龙兴寺中的一座佛殿。

"南阳寺"其名于历代文献中不曾见到，这一条记录是否准确呢？现存青州偶园的《司空公青州刺史临淮王像碑》中有"南阳寺者，乃正东之甲寺也"，"司空公青州刺史临淮王"是指北齐文宣帝高洋母亲武明太后的表弟娄定远，⑥ 北齐时龙兴寺名为南阳寺，而且是一等的大寺。

---

① 韩广来：《〈齐乘〉点校及研究》，硕士学位论文，南京师范大学，2008 年，第 220—221 页。

② 许嘉璐主编：《二十四史全译·南齐书》，汉语大词典出版社 2004 年版，第 382—383 页。

③ 许嘉璐主编：《二十四史全译·宋书·第三册》，汉语大词典出版社 2004 年版，第 1715 页。

④ 许嘉璐主编：《二十四史全译·宋书·第三册》，汉语大词典出版社 2004 年版，第 1879 页。

⑤ 李森：《青州龙兴寺历史与窖藏佛教造像研究》，山东大学出版社 2012 年版，第 48 页。

⑥ 许嘉璐主编：《二十四史全译·北齐书》，汉语大词典出版社 2004 年版，第 156 页。

通过这段文字的记录，我们可以大致了解龙兴寺的基本沿革：龙兴寺在刘宋元嘉二年（425年）时仅仅是一个佛堂，刘宋泰始二年（466年）刘善明舍宅可以视作龙兴寺正式出现，北齐武平四年（573年）被赐名"南阳寺"，而且是一等大寺，隋开皇年间（581—600年）两次改名"长乐寺""道藏寺"，武周天授二年（691年）改名为"大云寺"，直到唐玄宗开元十八年（730年）才称为"龙兴寺"。

1999年的时候，在青州市西郊营子村出土了一件《大唐龙兴观灯台颂并序》石刻，立碑时间是唐睿宗景云二年（711年），碑文中有"维景云二年岁次辛亥二月景子朔银青光禄大夫、使持节青州诸军事、青州刺史、上柱国、清河郡开国公张洽……乃于龙兴观、大云寺、龙兴寺等三处各造灯台一所……"，碑中"龙兴寺"之名早于《齐乘》记载19年，也印证了《旧唐书·中宗纪》"（神龙三年二月）庚寅，改中兴寺、观为龙兴，内外不得言'中兴'"[1]的记载。因此《齐乘》最后关于始称"龙兴寺"的时间不是公元730年，而是公元707年。

青州龙兴寺佛教造像窖藏中的东魏—北齐时期造像，不仅是后三国时代佛教造像艺术中的罕见之作，更是在中国佛教造像艺术史上留有浓墨重彩的一笔。这批造像主要收藏于青州博物馆。

5. 临漳邺城遗址北吴庄佛教造像窖藏

临漳邺城遗址北吴庄窖藏位于河北省临漳县习文乡北吴庄北地，漳河南堤北侧的河滩之内，距离东魏—北齐都城邺南城内城东城墙约3公里。2012年1月上旬，由中国社科院考古研究所和河北省文物研究所联合组成的邺城考古队，在漳河南堤河滩的沙地上发现了一些特殊迹象，于是开始勘探，发现很有可能是一个

---

① 许嘉璐主编：《二十四史全译·旧唐书》，汉语大词典出版社2004年版，第114页。

窖藏坑。当年 1 月 10 日邺城考古队开始进行抢救性发掘，发掘工作直至 1 月 25 日完成。①

根据测量编号的统计，窖藏中共出土佛教造像 2895 块，另有大量的造像碎片，总数量近 3000 块。造像绝大多数是汉白玉雕琢，仅有少数为青石或陶质，类型包括造像碑、背屏式造像、单体圆雕造像。有题记的造像约占总数的 10%，但是由于造像和残片数量巨大，到目前为止，北吴庄佛教造像窖藏还没有一个完整、详细的统计。从目前披露的资料，年代最早的是北魏太和十九年（495 年）刘伯阳造释迦像②，年代最晚的是唐上元二年（675 年）张宏亮造阿弥陀佛像③，历北魏、东魏、北齐、隋、唐五个朝代，近二百年。

北吴庄佛教造像窖藏所在的邺城是一座历史名城，尤其在东魏—北齐时期，更是两朝都城，政治、文化、经济中心。相传邺城始建于春秋齐桓公时期，《管子·小匡》记载"筑五鹿、中牟、邺、盖与杜丘，以卫诸夏之地"，齐桓公所筑邺城在临漳县三台村，④ 此时的邺城就是一个保卫华夏之地的军事堡垒。秦统一六国后，实行郡县制，将邺城置邺县归属于邯郸郡管辖；西汉时，仍为邺县归属于魏郡，但是地位有所提高，成为魏郡的郡治所在，《后汉书·灵帝纪》载"（中平五年）是岁，改刺史，新置牧"⑤，汉

---

① 邺城考古队：《河北临漳县邺城遗址北吴庄佛教造像埋藏坑的发现与发掘》，《考古》2012 年第 4 期，第 3 页。

② 邺城考古队：《河北邺城遗址赵彭城北朝佛寺与北吴庄佛教造像埋藏坑》，《文物》2013 年第 7 期，第 51、54 页。

③ 中国社会科学院考古研究所、河北省文物研究所编著：《邺城北吴庄出土佛教造像》，科学出版社 2019 年版，第 213 页。

④ 许作民：《历史上的邺城、邺县与邺郡》，《中国古都研究》总第二十四辑，第 104 页。

⑤ 许嘉璐主编：《二十四史全译·后汉书·第一册》，汉语大词典出版社 2004 年版，第 153 页。

灵帝在中平五年（188 年）将原来主责监察的刺史部改为行政的"州"，其最高行政长官也就由"刺史"改为"牧"①，行政区划也就由"郡、县"两级正式变为"州、郡、县"三级制，而邺城就成为了冀州的州治，政治地位进一步提升。汉献帝建安九年（204 年），曹操领冀州牧，于是将自己的政治中心迁往邺城；建安十八年，献帝封曹操为魏公，建安二十一年，晋封曹操为魏王。② 此时，曹操开始扩建邺城，以王都的规格营建了邺北城。③ 邺城的政治地位再一次提高。进入十六国时期，后赵、冉魏、前燕都曾将邺城作为都城。孝静帝天平元年十一月，高欢挟孝静帝及洛阳 40 万户迁至邺城，东魏建立。由于突然多了 40 万户，原有的邺北城已无法容纳，于是高欢开始营建邺南城，此后东魏、北齐都以此为都城，前后 43 年，邺城也进入到了巅峰时期。

邺城遗址的考古发掘从 1983 年就已经开始了，进入 2000 年后，考古取得了丰硕的成果，尤其是有关佛教遗址的大量发现。《续高僧传·卷十》载"属高齐之盛，佛教中兴，都下大寺略计四千，见住僧尼仅将八万"④，仅邺城一地大寺就有四千、僧尼人数超过八万，可见当时佛教之盛。而在考古发掘过程中也印证了这一点。先后发现了赵彭城北朝佛寺遗址、核桃园北齐佛寺遗址、北吴庄佛教造像埋藏坑，三处遗址均在邺城外郭城之内。⑤

---

　　① 宋中选：《从汉灵帝变刺史为州牧分析东汉末诸侯割据成因》，《新乡学院学报》2009 年 12 月，第 68 页。

　　② 许嘉璐主编：《二十四史全译·三国志·第一册》，汉语大词典出版社 2004 年版，第 16、21、26 页。

　　③ 沈丽华：《曹魏邺城都城空间与葬地初论》，《芳林新叶——历史考古青年论集》（第二辑），第 313 页。

　　④ （唐）释道宣：《四朝高僧传·续高僧传·卷十》，中华书局 2018 年版，第 515 页。

　　⑤ 何利群：《邺城佛教考古的主要发现与收获》，《西部考古》第 12 辑，第 291 页。

而赵彭城北朝佛寺遗址是迄今发现的我国古代最高级别的佛寺遗址。这些遗址的发现，足以证明邺城是北朝晚期北方地区的佛教、文化艺术中心。①

北吴庄佛教造像窖藏出土的造像主要收藏于临漳佛造像博物馆、邺城博物馆等单位。

二 金铜造像遗存

东魏—北齐时期的金铜造像遗存主要以考古发现为主，最重要的两个窖藏就是山东博兴崇德村窖藏和山西寿阳水利局窖藏，另外在正定县文物保管所、故宫博物院等博物馆有一定数量的旧藏。②

1. 山西寿阳水利局窖藏③

山西省晋中市寿阳县水利局，在1986年7月修建宿舍的时候，发现有一批金铜佛造像。当县文物管理所得知后马上赶到发掘地点，但是现场已经被破坏了，据现场施工的工人反映，这些金铜造像是出自于一个直径约5米、深1.3米的圆形窖穴。当时经过工作人员的努力，收回了大部分造像。有佛、菩萨像62件、力士像3件、狮子3件、发愿文碑5件、四足坐床8件，加上残座、背光、头光等总计90件。

62件佛、菩萨造像中27件有铭文，其中24件有明确纪年，最早的为东魏武定四年（546年），最晚的一件是隋炀帝大业三年（607年）。有明确纪年的造像中，东魏3件、北齐5件。

---

① 邺城考古队：《河北邺城遗址赵彭城北朝佛寺与北吴庄佛教造像埋藏坑》，《文物》2013年第7期，第68页。

② 刘杰：《中国古代汉传佛教铜造像的调查和研究》，博士学位论文，北京科技大学，2015年，第26页。

③ 晋华、吴建国：《山西寿阳出土一批东魏至唐代铜造像》，《文物》1991年第2期，第1页。

这批金铜佛造像基本上都保留有鎏金，造像的体积都不大，通高多在8—20厘米，造像身高最小的仅有3.1厘米，最高的也不超过9厘米。由于体积过小，加之铸造成型，很难从佛像的细节去分析时代的特征。

表4-5　　　　　寿阳水利局　东魏—北齐纪年造像①

	名　称	类型	朝代	年号	公历纪年
1	董回洛造观世音像	背屏	东魏	武定四年	546年
2	六囗阿奴造观世音像	背屏	东魏	武定六年	548年
3	孙贵姜造佛像	背屏	东魏	武定七年	549年
4	王囗造观世音像	背屏	北齐	天保九年	558年
5	成元兴造佛像	背屏	北齐	天保十年	559年
6	栾买糠造观世音像	背屏	北齐	河清元年	562年
7	弓寄姜造释迦多宝像	背屏	北齐	武平五年	574年
8	陈兴造菩萨像	背屏	北齐	武平六年	575年

2. 山东博兴县龙华寺遗址

山东省滨州市博兴县龙华寺遗址（古龙华寺），位于博兴县城东北10公里，总面积约为56万平方米，涉及五个村子，即崇德村、高家村、赵楼村、冯吴村和张官村。历年来由于农田耕作和农民取土，遗址内不断有文物出土。② 20世纪70年代末至90年代初，多次发现佛教造像。其中1983年和1984年，前后两次发现了金铜佛像。

---

① 晋华、吴建国：《山西寿阳出土一批东魏至唐代铜造像》，《文物》1991年第2期，第1—3页。

② 山东省博兴县文物管理所：《山东博兴龙华寺遗址调查简报》，《考古》1986年第9期，第813页。

1983年9月，崇德村农民贾效国在村北200米的地方取土，在距离地表40厘米的地方发现了一批金铜佛像和一件老子像。本来这些造像都是装在一个陶瓮中的，但是发现的时候已经被打破。瓮中总共清理出造像101件，能够辨识的有96件，保存较好的77件，其中带明确纪年的39件。年代最早的为北魏太和二年（478年），最晚的是隋文帝仁寿三年（603年），其中东魏3尊、北齐5尊。这些造像最高的28厘米，最小的仅有7厘米，由于陶瓮破裂，导致很多泥土与造像黏在一起，腐蚀了造像。因此有些造像已经模糊不清，但仍有部分造像保存较好。①

1984年，博兴县文管所对龙华寺遗址进行了全面的调查，在调查过程中又从崇德村征集了金铜造像五尊，其中有两尊带有明确纪年，一尊为北魏永安三年张明光造像，另一尊为隋开皇三年庞丰相造像。②

这两次总共收集到的金铜造像，现在都收藏于博兴县博物馆。

在龙华寺遗址及其周边地区，不仅两次发现金铜造像，更是多次出土有石雕造像、造像碑以及石碑。1976年在张官村发现了石雕造像，但现场被破坏，文物遭到哄抢，后经过努力收回72件，其中带有纪年的造像、佛座共8件，一件"武定八年"的，七件北齐时期的。除了佛像外，还出土了一座石碑，后命名为《武定五年建刹碑》，从碑文中"乡义寺门外之左颊，寻其净土级建胜刹"可以知道，出土佛像的遗址在公元547年之前就已经

① 李少南：《山东博兴出土百余件北魏至隋代铜造像》，《文物》1984年第5期，第21页。

② 山东省博兴县文物管理所：《山东博兴龙华寺遗址调查简报》，《考古》1986年第9期，第817—818页。

建有佛寺了，位置在乡义寺门外的左侧（寺门南向，左侧即东。——笔者注）。[①] 1990 年春天，张官村村民在村北挖鱼塘时，又发现有 53 件石雕造像，其中 6 件有明确纪年，均为北齐时期的。出土造像的地点正南左侧正是 1976 年出土造像的地点，两个地点相距约有 50 米。根据 1976 年发现的《武定五年建刹碑》记载，此地应是碑文中所提到的"乡义寺"[②]。

表 4 - 6　　　　博兴县龙华寺遗址　东魏—北齐纪年造像[③]

	名称	类型	朝代	年号	公历纪年
1	薛明陵造佛像	背屏	东魏	兴和二年	540 年
2	项智坦造像	背屏	东魏	兴和四年	542 年
3	程次男造观音像	背屏	东魏	武定三年	545 年
4	薛明陵造像	背屏	北齐	天保五年	554 年
5	□思保造像	背屏	北齐	河清三年	564 年
6	孔昭俤造弥勒像	背屏	北齐	河清三年	564 年
7	孙天□造观世音像	背屏	北齐	武平元年	570 年
8	刘树□造观世音像	背屏	北齐	武平二年	571 年

出土大量金铜造像的龙华寺在地方志上有所记载，一些出土石碑也有记载。1926 年在博兴县崇德村出土隋《龙华碑》，碑铭中记载"……高祖文皇帝，揖让受终……华塔者，地则故龙华道

① 常叙正、李少南：《山东省博兴县出土一批北朝造像》，《文物》1983 年第 7 期，第 38 页。
② 山东省博兴县文物管理所：《山东博兴龙华寺遗址调查简报》，《考古》1986 年第 9 期，第 821 页。
③ 刘杰：《中国古代汉传佛教铜造像的调查和研究》，博士学位论文，北京科技大学，2015 年，第 36—39 页。

场之墟……复以仁寿三年……"①，从碑文中可以知道在隋文帝仁寿年间，修建龙华寺及塔，而寺址则是选择在了旧龙华寺废墟之上。碑文中出现了"高祖文皇帝"，即隋文帝杨坚，碑文中的纪年为"仁寿三年"，但立碑时间不可能是仁寿三年（603年），因为"高祖"为庙号，只有在文帝驾崩之后才由其子所上，因此立碑时间应在仁寿四年七月（604年）隋文帝驾崩之后。由于碑文残缺，所以"仁寿三年"应是叙事中的一部分，而非立碑时间。从碑文中可以知道，龙华寺在隋代之前就已经存在，但是到了隋代时已经成为废墟了。

早在1984年，博兴县文管所就已经对崇德村出土金铜造像的地方进行了勘察，确认这个地方就是龙华寺遗址，面积约56万平方米。但对于龙华寺的考古并没有停止，2001年、2003年、2005—2007年、2018—2019年以及2020—2021年进行了多次的勘察、发掘、清理工作。在不同时期的工作取得了不同的成果。2005—2007年的考古发掘确定了隋代龙华寺遗址的基本范围，东西长1200米、南北宽1000米，寺院面积达到了120万平方米，远大于1984年勘察的56万平方米。② 因此也有学者推测，1983—1984年崇德村出土金铜造像的地方应是古龙华寺，始建于北齐时期。而隋龙华寺范围很大，覆盖了东魏—北齐时期的龙华寺、乡义寺以及"武定五年建刹"等寺。而在2018年之后的两次考古中，确认了龙华寺早期遗址是北齐时期的，并且发现并确定了唐代佛寺遗址，这个发现改变了之前认为龙华寺毁于隋末农

---

① 《民国重修博兴县志》编纂于民国二十五年即公元1936年，记载"十年前博兴县出土"，出土时间应是1926年，诸多文章中认为出土时间是"1923年"，尚不知出处。——笔者注。张其丙修，张元钧纂：《民国重修博兴县志·艺文志》，《中国地方志集成·山东府县志27》，凤凰出版社2004年版，第252—253页。

② 山东省文物考古研究所等：《博兴县龙华寺遗址勘探与试掘报告》，《海岱考古》第五辑，第276、291—292页。

民起义，唐代至明清没有重建的观点。①

通过大量的考古发掘工作，理清了博兴龙华寺的大致历史沿革，在北齐时期今天的博兴县崇德村一带应有一个寺院群，龙华寺仅是其中一所规模较大的寺院，因此才能够出土有一百余件金铜造像。

3. 故宫博物院②

在故宫博物院官网公布的《故宫博物院藏品总目》中，记录了一批东魏—北齐时期的金铜造像，这批造像应是近些年入藏故宫博物院或是清点出来的。因此大部分造像没有详细信息，甚至没有图片，因而造像的流传、基本信息、发愿文等文物信息从公开渠道无法获得。但是因为数量较多，带明确纪年的东魏时期造像 13 尊③、北齐时期造像 18 尊④，成为山东、河北地区之外，又一个重要的东魏—北齐时期金铜造像收藏博物馆。现将基本情况列表，期待今后能有更多的相关信息公开，对于研究这一时期佛造像艺术风格、铸造技术等有所帮助。

表 4 - 7　　　　　　故宫博物院　东魏纪年造像

	文物编号	名称	年号	公历纪年
1	新 00017039	观音菩萨立像	天平二年	535 年
2	新 00094855	观世音菩萨立像	天平二年	535 年

---

① 张英军、张淑敏等：《山东博兴龙华寺遗址"北朝、隋、唐"佛寺基址的发掘与收获》，《文博中国》2022 年 5 月 27 日。
② 晋华、吴建国：《山西寿阳出土一批东魏至唐代铜造像》，《文物》1991 年第 2 期，第 1 页。
③ 《故宫博物院藏品总目》，故宫博物院官网，https：//zm-digicol. dpm. org. cn/cultural/list…k = % E4% B8% 9C% E9% AD% 8F
④ 《故宫博物院藏品总目》，故宫博物院官网，https：//zm-digicol. dpm. org. cn/cultural/list…k = % E5% 8C% 97% E9% BD% 90

续表

	文物编号	名称	年号	公历纪年
3	新00134868	禅定佛坐像	天平四年	537年
4	新00068787	菩萨立像	元象元年	538年
5	新00134441	佛立像	元象二年	539年
6	新00020518	菩萨坐像	元象年间	538—539年
7	新00104693	菩萨立像	兴和三年	541年
8	新00094853	佛立像	兴和三年	541年
9	新00143902	释迦多宝像	兴和三年	541年
10	新00134870	王景祥造观音菩萨立像	武定元年	543年
11	新00151344	尹乏子造观世音菩萨立像	武定二年	544年
12	新00078808	王子贡造佛立像	武定二年	544年
13	新00156815	菩萨立像	武定六年	548年
14	新00153975	菩萨立像	武定八年	550年

表4-8　　　　　　　故宫博物院　北齐纪年造像

	文物编号	名称	年号	公历纪年
1	新00015434	孟回周造释迦多宝	天保二年	551年
2	新00091868	靳申造菩萨立像	天保二年	551年
3	新00120332	叶神扶造观世音菩萨立像	天保二年	551年
4	新00134887	李子悦造观世音菩萨像	天保三年	552年
5	新00091875	观世音菩萨像	天保六年	555年
6	新00091878	李宿奴造菩萨立像	天保六年	555年
7	新00091874	菩萨立像	天保六年	555年
8	新00054997	观世音菩萨立像	天保七年	556年

续表

	文物编号	名称	年号	公历纪年
9	新00134886	刘也奴造释迦多宝佛像	天保九年	558年
10	新00094856	观世音菩萨立像	天统元年	565年
11	新00094852	马崇晕造观世音菩萨立像	天统二年	566年
12	新00141887	观世音菩萨立像	天统二年	566年
13	新00094859	菩萨立像	天统三年	567年
14	新00143906	张欢造释迦多宝佛像	天统五年	569年
15	新00096527	菩萨立像	武平四年	573年
16	新00139985	王永贵造菩萨立像	武平五年	574年
17	新00134890	菩萨立像	武平年间	570—576年
18	资新00020480	佛坐像	承光元年	577年

三　石窟造像遗存

东魏—北齐所控制的疆域主要是今天的河北、山东以及山西、河南的部分地区，而这一地区的地形大部分以平原、丘陵为主，适合开凿石窟的山体并不是很多，所以东魏—北齐时期的石窟要比西魏—北周时期的石窟少，而且规模也不是很大。主要有太原天龙山石窟、邯郸南北响堂山石窟和水浴寺石窟、安阳小南海石窟和灵泉寺石窟。

东魏—北齐治下的石窟，都是在政治、经济、文化中心，晋阳（今太原市）为并州州治、太原郡郡治所在，也是高欢的大本营，东魏北齐时的陪都；邺城，东魏—北齐的都城，同时也是东魏—北齐司州州治，东魏天平元年，将汤阴县、安阳县并入邺县。① 也就

---

① 牟发松、毋有江、魏俊杰：《中国行政区划通史——十六国北朝卷》（下），复旦大学出版社2017年版，第637、657页。

是今天安阳市汤阴县、安阳县以及安阳市区在东魏—北齐时期都属于邺城管辖，因此邺城的行政区域很大。

1. 天龙山石窟

天龙山石窟位于太原市西南40公里处的天龙山。石窟规模不大，总共有25个窟，分布在东、西两峰南坡的山腰处。洞窟沿着崖面自东而西排列，东峰分上下两层，上层4个、下层8个；西峰总共13个。天龙山石窟仅有第8窟前廊的隋开皇四年（584年）开窟造像碑保存较好外，其余洞窟中的碑文或遭人为损坏，或是风雨侵蚀，大部分文字漫漶不清、无法辨识。众多学者都对天龙山石窟进行了分期研究，现在基本上都遵从李裕群先生所做的分期。天龙山石窟历经东魏、北齐、隋、唐四代①。

表4-9　　　　　　　　　　　　天龙山石窟分期

朝代	窟号
东魏	2、3
北齐	1、10、16
隋	8
唐	4—7、9、11—15、17—21

天龙山石窟也是我国汉地石窟中遭受破坏最为严重的石窟之一，在20世纪20年代，日、美古董商将石窟中的造像整体或是局部切割盗卖。据统计流失海外共有150件，其中29件通过不同途径得以回归祖国！②

---

① 李裕群：《天龙山石窟分期研究》，《考古学报》1992年第1期，第35—37页。
② 费泳：《汉唐佛教造像艺术史》，湖北美术出版社2009年版，第162页。

天龙山石窟开凿的时间应是东魏，这与高欢有着密切的关系。天龙山石窟地处太原，东魏—北齐时为晋阳，而晋阳对于高氏家族而言非常重要。北魏永熙元年（532年），高欢为大丞相，就在晋阳修建大丞相府，遥控洛阳。东魏建立后，高欢在晋阳修建了避暑宫，而避暑宫的位置就选在了天龙山。天龙山石窟的第2、3两窟就是在高欢时期开凿的。公元550年，高洋在即皇帝位后，下诏"并州之太原、青州之齐郡，霸业所在，王命是基"[1]，北齐自废帝高殷开始，历任皇帝都是在晋阳即位，然后才前往都城邺城。由此可见晋阳是高氏家族的根基所在，且北齐历代皇帝均崇信佛教，所以天龙山石窟中北齐开凿有三窟。

2. 响堂山石窟

响堂山石窟包括北响堂山、南响堂山和水浴寺（又名小响堂）三个石窟，另外还包括在北响堂石窟下的常乐寺，因常乐寺也建于北齐时期。响堂山石窟位于今河北省邯郸市峰峰矿区的鼓山，北响堂山石窟位于鼓山中段西麓、南响堂山石窟位于南麓、水浴寺石窟位于东麓。[2] 石窟的东南方向就是东魏—北齐都城邺城，两者直线相距37公里，如果我们查阅古籍文献，是查不到东魏—北齐时期名为响堂山石窟的，因为响堂山石窟是明朝之后才出现的称谓。北响堂山实际叫作鼓山，《续高僧传·卷二十五》"释圆通……临别执通手诫曰：……颇曾往鼓山石窟寺不……"释圆通，为北齐邺城大庄严寺僧人，"北响堂山石窟"在北齐时被称为"鼓山石窟寺"[3]；南响堂山叫作滏山，在南响堂山石窟第二窟窟门外左右壁上有隋代《滏山石窟之碑》，碑文中有"开此滏山石

---

① 许嘉璐主编：《二十四史全译·北齐书》，汉语大词典出版社2004年版，第45页。
② 刘东光：《响堂山石窟的凿建年代及分期》，《华夏考古》1994年第2期，第97页。
③ （唐）释道宣：《四朝高僧传·续高僧传·卷二十五》，中华书局2018年版，第894页。

窟"记载，可见在隋代"南响堂山石窟"被称为"滏山石窟"①。

关于北响堂山石窟的开凿年代，目前学术界有东魏和北齐两种观点。东魏说的一个重要依据就是司马光著《资治通鉴·卷一百六十》："甲申，虚葬齐献武王于漳水之西，浅凿成安鼓山石窟佛寺之旁为穴，纳其枢而塞之，杀其群匠。乃齐之亡也，一匠之子知之，发石取金而逃。"②齐献武王即高欢，高欢是在南梁太清元年、东魏武定七年去世的。司马光记载，当高欢去世之后，在鼓山石窟寺开凿一个墓穴，将其灵枢放入。鼓山石窟寺即北响堂山石窟，按此条记载，在东魏时期就已经开凿了。而实际考古发掘中，在北响堂山石窟第9窟的中心柱顶部，发现了一个深3.87米、宽1.35米、高1.77米的洞穴。③这个洞穴的发现似乎佐证了司马光的记载，也成为北响堂山石窟开凿于东魏的重要证据。

北齐说的依据，唐道宣所作《续高僧传·卷二十六》"释明芬……仁寿下敕，令置塔于磁州之石窟寺，寺即齐文宣之所立也。大窟像背后文宣陵……"④鼓山之下的常乐寺遗址内，有一通立于金正隆四年（1159年）的《常乐寺重修三世佛殿记》，碑文记载："……文宣常自邺度诣晋阳，往来山下，故起离宫，已备巡幸。于此□腹见数百圣僧行道，遂开三石室，刻诸尊像，因此建寺，初名石窟寺。"⑤文宣帝即高洋，两个文献都是认为响堂

————————

①　陈传席：《响堂山石窟寺发微》，《中国佛教美术全集·雕塑卷·响堂山石窟（上）》，天津人民美术出版社2014年版，第2—3页。

②　（宋）司马迁编著：《资治通鉴（第11册）》，中华书局1956年第一版，1976年第四次印刷，第4957页。

③　赵立春：《响堂山石窟的编号说明及内容简录》，《文物春秋》2000年第5期，第64页。

④　（唐）释道宣：《四朝高僧传·续高僧传·卷二十五》，中华书局2018年版，第955页。

⑤　邯郸市文物保管所等：《河北邯郸鼓山常乐寺遗址清理简报》，《文物》1982年第10期，第28、36、43页。

山石窟开凿于北齐高洋在位时期，也就是公元 550—559 年。尤其是金碑铭文，还记载了开凿原因，北响堂山石窟正好位于高洋往来邺城、晋阳的必经之路上。

北响堂山现有编号石窟 21 个，分为四个区即南区、中区、北区与九条洞区，其中位于九条洞区的九个小龛已经没有佛像了。另 12 窟，开凿于北齐、隋、唐、宋、明代，另外一些窟的窟壁上开有小龛。

表 4 - 10   北响堂山石窟编号①

区域	窟号	别名	时代	位置	窟形
南区	第一窟	双佛洞	北齐	南区刻经洞上方	三壁三龛窟
	第二窟	大业洞	隋	刻经洞南侧	不规则洞
	第三窟	南洞、刻经洞	北齐	南区大窟	三壁三龛窟
中区	第四窟	中洞、释迦洞	东魏或北齐	石窟区正中	中心柱塔庙窟
	第五窟	三教窟	宋	第四窟前室北	小型窟
	第六窟	小天宫	隋	第四窟右上山崖	小型窟
	第七窟	关帝洞、明洞	明	第四窟北侧	小型窟
南区	第八窟	宋洞	北齐、宋	北区大佛洞南侧	佛坛窟
	第九窟	大佛洞、北洞	东魏或北齐	北区大窟	中心柱塔庙窟
	第十窟	文官洞	明	第九窟北侧	佛坛窟
	第十一窟	随佛龙洞	唐、宋	北区台阶下北侧	三壁三龛窟
	第十二窟	天然洞	唐	十一窟外侧上部	天然洞

南响堂山石窟的开凿时间几乎没有争议，就是开凿于北齐。在第二窟窟门左右的《滏山石窟之碑》上记载"有灵化寺比丘慧

---

① 《中国佛教美术全集·雕塑卷·响堂山石窟（上）》，天津人民美术出版社 2014 年版，第 13—16 页。

义……于齐国天统元年乙酉之岁，斩此石山，兴建图庙。时，有国大丞相淮阴王高阿那肱，翼帝出京，憩驾于此，因观草创，遂发大心，广舍珍爱之财"①。天统元年，北齐后主高纬年号，即公元565年；高阿那肱，在《北史》《北齐书》中皆有传，此人人品极不好，受后主高纬宠幸、信任，但最后背叛了北齐投靠了北周，武平元年（570年）时晋封淮阴王，② 由此确定了南响堂山石窟的开凿时间。

南响堂山石窟目前编号洞窟共有9个，其中第9窟是东面山崖上的摩崖佛龛群。摩崖佛龛群共有32个龛，雕琢于北齐至唐代，大部分风化严重，模糊不清。③

表4-11　　　　　　　　　南响堂山石窟编号④

区域	窟号	别名	时代	位置	窟形
下层	第一窟	华严洞	北齐	下层东南侧	中心柱塔庙窟
	第二窟	般若洞	北齐	下层西北侧	中心柱塔庙窟
上层	第三窟	空洞	北齐	第一窟正上方	三壁三龛窟
	第四窟	阿弥陀洞、观音堂	北齐	上层第三窟北	三壁三龛窟
	第五窟	释迦洞	北齐	紧邻第四窟	三壁三龛窟
	第六窟	力士窟	北齐	第五窟北	三壁三龛窟
	第七窟	千佛洞	北齐	上层最北侧	三壁三龛窟
西北山崖	第八窟	西方洞	宋	石窟区西北50米	
东山崖	第九窟		北齐、唐	石窟区东面山崖	佛龛群

① 邯郸市峰峰矿区文管所、北京大学考古实习队：《南响堂石窟新发现窟檐遗迹及龛像》，《文物》1992年第5期，第7页。

② 许嘉璐主编：《二十四史全译·北史·第四册》，汉语大词典出版社2004年版，第2495页。

③《中国佛教美术全集·雕塑卷·响堂山石窟（上）》，天津人民美术出版社2014年版，第180页。

④《中国佛教美术全集·雕塑卷·响堂山石窟（上）》，天津人民美术出版社2014年版，第16—18页。

水浴寺石窟又称小响堂石窟，在窟前一处狭小的山坳中建有一个水浴寺，现在寺宇大部分被毁，仅存一个佛殿。共有石窟2个、摩崖石刻2处，均位于水浴寺西侧、坐北朝南的一个低矮崖壁上。自西向东排列为西部摩崖造像、西窟、东部摩崖造像以及东窟。

水浴寺石窟开凿年代基本也没有争议，在西窟后壁（即北壁）东侧，开有一个高2.1米的大龛，内雕一佛像，佛像头光右侧刻有发愿文"武平五年甲午岁十月戊子朔明威将军陆元□张元妃敬造定光佛并三童子愿三界群生见前受福□者托荫花中俱时值佛"①。武平五年即公元574年，水浴寺石窟开凿时间大约在此时间之前。

响堂山石窟也是汉地石窟遭受破坏最严重的石窟之一，尤其是南、北响堂山石窟。在20世纪20年代，南、北响堂山石窟的佛像被大肆切割、盗卖，北响堂山石窟第九窟内，有16个佛龛、其内各有一佛像，如今空无一物，且不知下落；除此，大量的佛像头部被切割盗卖。而参与切割、盗卖佛像活动的，主要是当时的武安县县长（民国时期响堂山石窟归属武安县）李聘三和大文物贩子卢芹斋。当地百姓为了不让他们继续盗卖，无奈之下将石窟内所剩的所有造像的头部砸毁。至今只有南响堂山石窟第一窟的佛像头部是原件，但是也仅剩三分之二。现在我们看到的佛像头部大部分是民国晚期佛教信徒补做的。②

---

① 邯郸市文物保管所：《邯郸鼓山水浴寺石窟调查报告》，《文物》1987年第4期，第12、14页。
② 《中国佛教美术全集·雕塑卷·响堂山石窟（上）》，天津人民美术出版社2014年版，第22—23页。

第二节　东魏—北齐时期佛造像风格特征及成因

关于北朝佛造像，尤其是后三国时代的东魏—北齐时期佛造像艺术风格的分期，学术界有很多种观点，其中很多学者的分期就是以改朝换代为标准，如同西魏、北周那样分为东魏、北齐两期。但是笔者认为，东魏—北齐时期的佛造像艺术风格的变化，不同于西魏—北周时期风格变化出现得那样突然、剧烈，而是有一个缓慢的变化过程，这个过程近似于一个线性变化，没有给人一种突兀的感觉。因此，在东魏—北齐佛造像艺术风格分期上，笔者倾向于故宫博物院冯贺军先生对于曲阳白石造像的分期，这一分期不仅适合曲阳白石造像，同样是东魏—北齐时期佛造像艺术风格的分期。

由于曲阳白石造像的年代从北魏晚期至唐代，因此冯贺军先生将其分为四期：北魏神龟三年（520 年）至东魏天平四年（537 年）、东魏元象元年（538 年）至北齐天保十年（559 年）、北齐乾明元年（569 年）至隋大业十四年（618 年）以及唐代造像。[①]

后三国时期，仅有东魏、北齐两朝，因此后三国时期佛造像艺术风格分为三个阶段：第一阶段，东魏天平年间（534—537年）；第二阶段，东魏晚期至北齐早期（538—559 年）；第三阶段，北齐晚期（560—577 年）。

一　东魏—北齐时期第一阶段

第一阶段是东魏天平年间（534—537 年），仅四年。东魏建立后，与西魏之间的战争不断，都想着吞并对方。公元 537 年，

---

① 冯贺军：《曲阳白石造像研究》，紫禁城出版社 2005 年版，第 22—24 页。

双方爆发了"沙苑之战"，东魏大败，高欢骑着橐驼才逃到了黄河西岸，夺船渡河，方才安全。这一战东魏损失惨重，"丧甲士八万人，弃铠仗十有八万"。次年，双方又爆发了"河桥之战"，双方互有胜负。此后的五年之间，双方未有大战役爆发。双方以此为分水岭，各自进入内部建设的阶段。

1. 东魏—北齐时期第一阶段佛造像实例

第一阶段仅四年，不仅刚刚立国，且与西魏征战不断，东魏政权以及高欢还没有精力去开凿石窟，因此东魏时期石窟造像不太可能雕琢于这一时期。主要选取石雕造像。

"东魏天平三年白石昙晏等造佛立像"① （图4－1）。这尊造像出自曲阳修德寺窖藏，为单体背屏式造像，高65.2厘米。佛像头部残缺，削肩、身体清瘦；内着僧祇支，衣带在胸前系结，身披双层袈裟，外层为褒衣博带式袈裟，袈裟右襟在腹部横向搭于左肘，在胸前留一深"U"字领，雕刻阶梯状衣纹，下身着裙，袈裟及佛衣下摆向两侧外展，右手残缺、左手掌心向外，五指向下，拇指自然伸直，其余四指微微内屈，跣足站立在覆莲莲台之上，莲台下有一个长方形基座；造像头后有圆形头光、身光及舟形背光，背部有一个背

图4－1　昙晏等造佛立像

---

① 胡国强主编：《你应该知道的200件曲阳造像》，紫禁城出版社2009年版，第28页。

屏，背屏上端残缺，外层雕刻火焰纹。基座背后刻有发愿文"唯大魏天平三年岁在丙辰十二月丁卯朔三日己巳像主追恩寺比丘县晏前上曲阳都护博陵崔桃仗邸纯陁邸拔延杨双贵"。

天平三年即公元536年；上曲阳，《魏书·地形志（上）》记载"中山郡……上曲阳，前汉属常山，后汉属，晋属常山""钜鹿郡……曲阳，二汉、晋属赵国，曰下曲阳，后改"①。在两汉、晋时，有两个曲阳，居北者为上曲阳，居南者为下曲阳。《隋书·地理（中）》记载"博陵郡……恒阳旧曰上曲阳，后齐去'上'字"②。在北齐时，将"上曲阳"改为"曲阳"。造像依然延续了北魏晚期的风格"秀骨清像、褒衣博带"。

"东魏天平三年尼智明造佛像"③（图4-2，彩版四）。这是一尊一铺三身背屏式造像，出自于青州龙兴寺窖藏，高83厘米。主尊佛高肉髻，漩涡纹发髻，面庞方圆；内着僧祇支，衣带在胸前系结，外披褒衣博带演化式袈裟，右襟在腹部横向向上搭至左肩，胸前留有深"U"字领，袈裟衣纹浅而疏；下身着裙，袈裟及佛衣下摆向两侧外展；造像两手缺失，跣足站立在覆莲莲台上。

两边的胁侍菩萨，高发髻，发带在头部两侧自然下垂，面庞方圆，内穿交领大袖衫，肩披帔帛，帛带在腹部交叉后垂落至小腿，然后反向向上搭在小臂上；下身着裙，跣足站立在覆莲莲座上。三像头后均有莲花形头光，主尊佛身后有圆形身光、舟形背光，三像共用一个莲瓣形背屏，背屏下端与三个覆莲莲台下的长方形基座连为一体。背屏上端残缺，在两菩萨头顶各有一个坐

---

① 许嘉璐主编：《二十四史全译·魏书·第四册》，汉语大词典出版社2004年版，第2075页。

② 许嘉璐主编：《二十四史全译·隋书·第一册》，汉语大词典出版社2004年版，第761页。

③ 夏名采：《青州龙兴寺佛教造像窖藏》，生活·读书·新知三联书店2004年版，第92—94页。

佛。长方形基座正面刻有发愿文"大魏天平三年六月三日张河间寺尼智明为亡夫母亡兄弟亡姐敬造尊像一区，愿令亡者托生净土见在蒙福，又为一切咸同斯庆郭达郭胡侍佛时"。造像整体彩绘保存艳丽，佛、菩萨身体裸露部分还保留有一些贴金。

相较于北魏晚期风格，这尊造像也是出现了一些变化，主尊佛的面庞不再消瘦

图 4 - 2　尼智明造佛像

而是方圆，袈裟也变为"褒衣博带演化式"，但是依然保留了袈裟和佛衣下摆向两侧外展的特点。

发愿文中出现了"张河间寺"的寺名，由此也可以证明龙兴寺窖藏的佛造像并不都是出自龙兴寺，也应该有其他寺庙供奉的造像运来埋在一起。不仅这件造像不是龙兴寺供奉的，龙兴寺窖藏出土的造像中一定数量的造像也不是龙兴寺的，这些造像的雕塑艺术水准较龙兴寺造像要差，身体比例失调、身材臃肿、显得拙笨，有理由质疑其不是龙兴寺造像。[①]

"东魏天平三年邢长振造释迦像"[②]（图 4 - 3）。这也是一尊一铺三身背屏式造像，同样出自于龙兴寺窖藏，造像背屏尖部残

---

① 李森：《青州龙兴寺历史与窖藏佛教造像研究》，山东大学出版社 2012 年版，第 164—165 页。

② 夏名采：《青州龙兴寺佛教造像窖藏》，生活·读书·新知三联书店 2004 年版，第 94—96 页。

图4-3　邢长振造释迦像

缺，下方莲座、基座均已缺失，残高137.7厘米。主尊佛头部已失，削肩、体态修长，内着僧祇支，身披双层袈裟，外层为褒衣博带演化式袈裟，右襟在腹部横向向上搭至左大臂而非左肩，胸前留有深"U"字领，浅凿细槽表示衣纹；下身着裙，袈裟及佛衣下摆向两侧外展，跣足站立。

主尊佛右侧胁侍菩萨头戴冠、面庞方圆，上身袒露、颈戴项圈、肩披帔帛，璎珞自两间垂落至腹部，穿过圆环垂落于膝部然后向上，双手缺失；下身着裙，长裙紧贴腿部，跣足站立；主尊佛左侧的胁侍菩萨右肩以上及左臂缺失，右手手持净瓶，其余皆与另一菩萨相同。三像头后均有一个莲花形头光，主尊佛身后有一圆形身光、舟形背光，背光外层绘制火焰纹。在背屏上端两侧各有四身飞天，最上两飞天托一宝塔。在主尊佛和两胁侍菩萨之间各有一个倒龙。可以看到主尊佛左侧倒龙口中吐出水柱，水柱托起了由莲叶、莲蕾组成的莲台。在背屏背面刻有发愿文："大魏天平三年岁次丙辰三月壬寅朔十六日丁巳清信士佛弟子邢长振仰为二□亡姊尼敬造释迦像一区……"

造像保留有北魏晚期风格，但是也出现了新的变化。以高浮雕的方式在佛和菩萨之间雕刻了倒龙，在背屏上端雕刻飞天，背屏顶端雕刻出宝塔。背屏上端雕刻飞天、宝塔，出现于南梁"天监十年王州子造佛立像""天监十五年蔡僧和造释迦立像""中大通二年比丘晃藏造释迦像"以及"大同十一年张元造释迦多宝像"，在成都出土的南梁石雕佛造像中，只要是背屏保存完好的，都出现了飞天、宝塔。四尊造像年代最早的为"天监十年"即公元511年。

背屏中飞天与宝塔的组合，东魏—北齐时期的曲阳修德寺遗址窖藏背屏式造像中没有出现，邺城遗址北吴庄窖藏中仅出现在个别背屏式造像，从目前披露的资料看，"东魏武定四年（546年）王元景造弥勒像"是北吴庄窖藏中最早出现飞天和宝塔的。[1] 在青州龙兴寺窖藏中，有一个发展的过程。在"北魏永安二年韩小华造弥勒像"和"北魏永安三年贾淑姿造佛像"的背屏上并没有出现飞天、宝塔，而在"北魏太昌元年比丘尼惠照造弥勒像"中出现了飞天，但是没有出现宝塔，宝塔的位置是一条倒龙。[2] 永安二年即公元529年、太昌元年即公元532年。我们可以看到，飞天与宝塔的图像组合在青州龙兴寺窖藏造像经历了从北魏永安二年之前没有到太昌元年出现飞天直至东魏天平三年飞天与宝塔同时出现的过程。很明显，飞天和宝塔的图像应是源自于南梁，且在东魏—北齐治下也是由青州向邺城、曲阳传播。但是我们还要注意一个问题，就是成都的佛造像艺术风格很难直接影响到青州，因此南梁佛造像艺术北传除了前文所说成都向北的路径，应该还有一条从建康向北的传播路径。

这件造像上出现的倒龙，在"北魏太昌元年比丘尼惠照造弥勒像"中就已出现，但是位置是在背屏的顶端，而佛与胁侍菩萨

① 中国社会科学院考古研究所、河北省文物研究所编著：《邺城北吴庄出土佛教造像》，科学出版社2019年版，第23页。

② 青州市博物馆编：《青州龙兴寺佛教造像艺术》，山东美术出版社1999年版，第9页。

之间出现倒龙这是首次出现，① 在这里先要明确一下"倒龙"的定义，就是说什么样的图像可以称之为"倒龙"，李森老师认为倒龙即龙呈现"头下尾上的倒悬状态"②，具体到造像实例中，一般为龙前爪撑地、头部探出、尾部向上扬起，如同一个倒立的人。佛与胁侍菩萨之间出现倒龙，这是青州龙兴寺东魏时期造像的典型特征，而且也影响到了邺城和曲阳。

"东魏天平四年白石朝阳村卅人造释迦像"③。这尊造像也是出自于曲阳修德寺窖藏，为单身背屏式造像，但背屏大部分残缺，残高 50.2 厘米。佛座高肉髻、磨光发髻、面庞清瘦，削肩、体态修长；内着僧祇支、衣带在胸前系结，身披双层袈裟，外层为褒衣博带演化式袈裟，袈裟右襟自腹部横向向上搭至左肩，胸前留有深"U"字领，双手施禅定印、掌心向内；腿结跏趺坐坐在须弥座上，袈裟及佛衣下摆垂于须弥座前。须弥座下有一长方形基座，基座背后刻有发愿文"天平四年三月丙寅朔廿八日朝阳村邑仪男子母人卅人等谨造释迦像一砳……"。

这尊造像整体保留有北魏晚期造像风格，但是有两点变化：一是袈裟披着方式为"褒衣博带演化式"，二是袈裟及佛衣下摆变短，而且近似自然下垂，不像北魏晚期佛坐像那样袈裟及佛衣覆坛。

2. 东魏—北齐时期第一阶段佛造像艺术风格特点

（1）天平年间造像保留有北魏晚期佛造像艺术风格特点，如高肉髻、发髻为磨光发髻或漩涡纹发髻，身体修长，袈裟及佛衣下摆外展，袈裟在胸部留有深"U"字领。

---

① 保利艺术博物馆收藏有一件青州风格造像"正始四年法想造弥勒像"，正始四年即公元 507 年，背屏上出现了倒龙，因此被认为是"倒龙"出现年代最早的佛造像。但是其造像风格与北魏晚期佛造像风格有异，因此笔者对于其真实年代持有异议。——笔者注

② 李森：《青州龙兴寺历史与窖藏佛教造像研究》，山东大学出版社 2012 年版，第 131 页。

③ 胡国强主编：《你应该知道的 200 件曲阳造像》，紫禁城出版社 2009 年版，第 29 页。

（2）在总体风格一致的情况下，出现了南、北地域差异。靠近南梁的青州龙兴寺窖藏，袈裟披着方式为"褒衣博带演化式"，人物的面型也转向了方圆；而北部的曲阳修德寺窖藏，袈裟披着方式存在"褒衣博带式"以及"褒衣博带演化式"，人物面部、身材依然是面部清瘦、削肩、体态修长。

3. 东魏—北齐时期第一阶段佛造像艺术风格特点形成原因

东魏建国之初，佛造像艺术风格主体上还是延续了北魏晚期佛造像风格特征，仅做了局部的微调。究其原因，还是因为北魏晚期的汉化政策在东魏初期的延续。

北魏的建立者是鲜卑民族，因此在北魏早期历史上，鲜卑游牧文化成为整个社会尤其是上层社会的主导文化。但是毕竟鲜卑人数量上少于汉民族、游牧文化也落后于汉民族固有文化，为了加强统治，北魏统治阶层不得不进行汉化改革，而这一改革完成于孝文帝太和年间。太和七年（483 年）下诏禁止同姓通婚、太和八年以汉制给与百官俸禄、太和十年皇帝始穿衮衣戴冠冕、太和十八年迁都洛阳、太和二十年下诏将鲜卑姓改汉姓。[①] 北魏汉化改革基本上完成，鲜卑贵族与汉人世家大族逐渐融合，缓解了双方的矛盾，加强了北魏统治阶级的统治。但是也产生了一定的负面影响，即北魏晚期统治阶层重文轻武，尤其是都城南迁至洛阳后，旧都平城的地位下降，而拱卫平城的六镇地位就更低，因而也就造成了北魏末期的六镇镇民大起义。[②]

文献上记载高欢为渤海郡人，自小生活在北方六镇，因此文

---

① 许嘉璐主编：《二十四史全译·魏书·第一册》，汉语大词典出版社 2004 年版，第 123—124、127、140、143 页。

② 王仲荦：《中国断代史系列——魏晋南北朝史》，上海人民出版社 2003 年版，第 528—531 页。

化、习俗上更接近鲜卑人。① 因此史学界认为其有可能就是鲜卑人或是鲜卑化汉人。高欢能够控制东魏政权乃至高洋建立北齐，都是依靠这六镇之中的五镇鲜卑人。但是自他起势以来，同时也依仗河北地区世家大族，如渤海封氏、渤海高氏。东魏建立之后，重用范阳卢氏、清河崔氏、博陵崔氏、弘农杨氏等治理朝政。

因此东魏建立之后乃至北齐建立，高欢、高洋父子同宇文泰面临的问题是一样的，就是如何处理鲜卑贵族与汉族世家大族之间的关系。东魏初立，对外面临着强敌——西魏，对内要稳定政局，因此天平年间，双方的矛盾并不突出。所以在文化上，延续着北魏晚期的政策，佛造像艺术风格变化不是很剧烈。

二　东魏—北齐时期第二阶段

第二阶段开始于东魏元象元年，结束于北齐天保十年，即公元538—559年。这一阶段是高欢、高澄、高洋父子三人统治时期（东魏政权实际掌握在高氏父子手中），随着与西魏战事的减少，东魏统治阶层将注意力转向了内部发展。

高欢此时开始推行胡、汉分治政策，也是文、武分治，即鲜卑等民族的将领主要职责是作战但不参与中央行政事务，而汉族文臣主要是从事行政管理而不参与军事。高欢一方面迎合北镇鲜卑勋贵打压汉族豪强，但另一方面又重用汉人士族，让他们参与到政权统治中，以此来弥合双方的矛盾。② 当高欢死后，其子高洋建立北齐，依然延续其父的政策。而天保十年，高洋死后，其子高殷则无力控制双方，北齐政治发生了根本性的改变。

---

① 许嘉璐主编：《二十四史全译·北齐书》，汉语大词典出版社2004年版，第1页。
② 韦琦辉：《东魏北齐胡汉分治政策与高演政变》，《社会纵横》2011年6月，第112页。

1. 东魏—北齐时期第二阶段佛造像实例

东魏时期建造的石窟，基本上都是第二阶段开凿的，石窟造像也反映了这一时期的风格特征。反而在青州龙兴寺窖藏中，没有第二阶段的带有明确纪年的造像，虽然如此，但是很多造像符合这一时期的艺术特征，仅举例进行佐证。

"东魏兴和三年李晦等造弥勒像"[①]（图4-4）。这是一件单身背屏式造像，出自曲阳修德寺遗址窖藏，背屏上部、左侧残缺，残高44.6厘米。佛像肉髻低矮、磨光发髻、面庞圆润；内着僧祇支、衣带在胸前系结，身披双层袈裟，外层为褒衣博带式，右襟在腹部横向搭在左肘上，在胸前留有深"U"字领；右手残缺、左手施与愿印；下身着裙，袈裟及佛衣下摆向两侧外展，跣足站立在覆莲莲台上，莲台下有一长方形基座。佛像头后

图4-4 李晦等造弥勒像

有圆形头光，身后背屏残缺不全。在基座右、后两面刻有发愿文"大魏兴和三年十一月廿五日上曲阳县人李晦妻王丰姬为亡息李景珍敬造弥勒像一区……"，兴和三年即公元541年。

这尊造像虽然保留有北魏晚期的褒衣博带式袈裟以及下摆向两侧外展的特点，但是肉髻明显要低于北魏以及天平年间，同时面庞不仅不是清瘦也不是方圆，而是圆润。

---

① 胡国强主编：《你应该知道的200件曲阳造像》，紫禁城出版社2009年版，第34页。

图 4-5 王元景造弥勒像

"东魏武定四年王元景造弥勒像"①（图 4-5）。这是一尊一铺五身背屏式造像，出自于邺城遗址北吴庄窖藏，通高63.8厘米。主尊佛的肉髻低平如同土丘，磨光发髻、面庞圆润，削肩、体态修长，内着僧祇支，衣带在胸前系结，身披双层袈裟，外层为褒衣博带演化式袈裟，外层袈裟右襟在腹部横向搭向左肩，胸前留有深"U"字领，袈裟雕刻福田衣纹并涂红色；右手残缺、左手握住袈裟衣角，下身着裙，跣足

站立在覆莲莲台上。主尊佛两侧各有一弟子，均是面庞圆润、内着僧祇支、外披垂领式袈裟，跣足站立在台座上。两弟子外层各有一胁侍菩萨，最右侧菩萨的头部和右肩残缺，余下部分与左侧菩萨一致。菩萨头戴宝冠、面庞圆润，颈带项圈、肩披帔帛，帛带在腹部交叉后垂直小腿，然后反向向上搭至小臂，下身着裙，跣足站立在一仰莲莲台上。主尊佛的莲台下两侧各伸出一龙首，龙首吐出水柱托起菩萨的莲台。主尊佛头后有圆形头光及身光、舟形背光，五像共用一个莲瓣形背屏。主尊佛头光与身光之间雕刻卷草纹，背屏上端两侧各有三身飞天，最上的两飞天托起单刹宝塔。背屏下端连接一长方形基座，基座正面中间是化生童子托

---

① 中国社会科学院考古研究所、河北省文物研究所编著：《邺城北吴庄出土佛教造像》，科学出版社 2019 年版，第 22 页。

博山炉，两侧各有一护法狮子。背屏背面浅浮雕佛传故事"白马吻足"。在基座正面博山炉与左侧狮子之间刻像主名"王元景"，基座右侧刻有发愿文"大魏武定四年四月八日敬造弥勒像一区，上为皇帝陛下、师僧父母、含生之类、感同思善"，大魏武定四年即公元546年。造像保留有部分彩绘。

这件造像明显开始偏离北魏晚期造像风格，肉髻低平、面庞圆润，值得注意的是，主尊佛袈裟及佛衣下摆外展幅度很小，远不及北魏晚期甚至天平年间外展幅度大，两弟子与两菩萨衣服下摆自然下垂。背屏上的飞天与宝塔首先出现在第一阶段的龙兴寺窖藏造像，而主尊佛莲台下的龙首，似乎是龙兴寺窖藏东魏背屏式造像倒龙的简化版。

我们还要注意的是，这件造像的左手是握住袈裟衣角的，这在东魏—北齐时期造像中并不多见，而且早于北周时期造像出现。但由于披露的造像实例太少，这一现象尚待研究。

"东魏武定四年夏侯丰珞等造弥勒像"①（图4-6）。这尊一铺三身背屏式造像出土于诸城佛造像窖藏，基座丢失、背屏顶部残缺，残高44.5厘米。主尊佛肉髻缺失、磨光发髻、脸庞清瘦、面带微笑，削肩、体态修长，内着僧祇支、身披双层袈裟，外层为褒衣博带演化式，袈裟在腹部横向向上搭至左肩，胸前留有深"U"字领，右手施无畏印、左手施与愿印；下身着裙，跣足站立在台座上。两侧各有一胁侍菩萨，右侧菩萨头部损毁、面庞方圆，颈戴项圈、肩披帔帛，帛带在腹部交叉后垂直大腿，然后反向向上搭至小臂；下身着裙，站立在台座上。主尊佛袈裟及佛衣下摆、胁侍菩萨群下摆几乎不再外展而是自然下垂；主尊佛头后细线阴刻圆形头光、身光、舟形背光，三像共用一个莲瓣形背屏。背屏上端两侧各

---

① 诸城市博物馆：《山东诸城发现北朝造像》，《考古》1990年8月，第718页。

图4-6　夏侯丰珞等造弥勒像

有两身飞天，最上两飞天托一半球形仰莲莲台、上有化佛；在主尊佛与两胁侍菩萨之间各有一倒龙。背屏背后刻有发愿文："大魏武定四年岁次丙寅十月庚午朔八日丁丑清信士佛弟子夏侯丰珞赵显明邑仪兄弟廿余人等敬造弥勒石像一躯……"

诸城距离青州并不是很远，其造像风格受青州影响很大。飞天、宝塔、倒龙都是比较典型的青州龙兴寺窖藏东魏背屏式造像的特征。这尊造像依然体现了由北魏晚期风格向北齐风格过渡的特征，主尊佛削肩、体态修长、褒衣博带演化式袈裟，三像衣服下摆自然下垂。

"东魏武定五年张同柱等造双佛坐像"①。这是一尊双身背屏式造像，出自于曲阳修德寺遗址窖藏，造像保存较好，通高44.5厘米。两佛形象一致，肉髻低矮、磨光发髻、面庞方圆且长；内着僧祇支，衣带在胸前系结，身披双层袈裟，外层袈裟披着方式为敷搭双肩下垂式，内层袈裟为褒衣博带式，内层袈裟在腹部横向搭在左肘上，胸前留有深"U"字领，以阴刻双线表示衣纹，袈裟下摆覆坛，但是没有北魏晚期那样飘逸；右手施无畏印、左手施与愿印，腿结跏趺坐坐于束腰须弥座上。两像共用一个莲瓣形背屏，背屏素面没有任何纹饰。造像背面下方刻有发愿文"大

---

① 胡国强主编：《你应该知道的200件曲阳造像》，紫禁城出版社2009年版，第39页。

魏武定五年七月二日高门村张同柱张银翁张腾等造白玉像一躯为七世后为一切众生离苦得乐"，武定五年即公元547年。

　　这尊造像在保留有褒衣博带式袈裟外，还出现了天平年间造像没有的袈裟披着方式——敷搭双肩下垂式。明显是一件过渡时期的造像，既保留有北魏晚期造像风格，又开始出现新的艺术元素。

　　"天龙山石窟第3窟"①（图4-7）。天龙山石窟第2、3两窟为成组的双窟，两窟毗邻，在两窟窟门中间的崖面镌刻碑铭。这两个窟开凿年代学术界基本没有异议，开凿于东魏，且是高欢在世之时。两窟形制完全相同，是方形覆斗顶三壁三龛窟。第3窟主壁（北壁）

图4-7　天龙山石窟第3窟　北壁

开圆拱尖眉龛，内原有一佛二菩萨，现在两尊菩萨风化严重，无法辨识。主尊佛头部缺失，宽肩、躯体略显健硕，内着僧祇支，衣带在胸前系结，身披双层袈裟，袈裟及佛衣下摆自然下垂覆坛；造像双手已残，腿结跏趺坐坐于束腰须弥座上。

　　我们要特别注意的是这尊造像的袈裟披着方式，它的袈裟披着方式非常罕见：内层褒衣博带演化式袈裟，右襟下垂至腹部再向上敷搭左肩，留有一个深"U"字领；外层袈裟披着方式则是

----

① 李裕群：《天龙山石窟分期研究》，《考古学报》1992年第1期，第37、52页。

半披式与褒衣博带式的结合，右襟包裹住右大臂，从右小臂下穿出横向搭在左小臂，这种袈裟披着方式并不多见。

天龙山石窟第 3 窟主壁佛龛中的佛像，从身体形态、袈裟披着方式到袈裟及佛衣下摆自然下垂，都显示着与北魏晚期造像风格的差异，因此雕琢时间应在天平年间以后至高欢去世之间，约在公元 538—547 年。

图 4-8　长孙氏造阿弥陀像

"北齐天保元年长孙氏造阿弥陀像"[①]（图 4-8）。这是一件背屏式造像，出自于邺城遗址北吴庄窖藏，造像保存完好，高 103 厘米，还保留有贴金与彩绘。主尊佛肉髻低平如土丘、磨光发髻、面庞方圆，身着通肩式袈裟，右襟搭至左肩，留有一个浅"U"字领，袈裟通体雕刻对称"U"字形浅槽表示衣纹，右手施无畏印、左手施与愿印；下身着裙，跣足站立在覆莲莲台之上；袈裟及佛衣下摆自然下垂，紧贴躯体，显现出腿部轮廓。主尊佛头后有圆形头光、身光及舟形背光，单独有莲瓣形背屏，背屏上端两侧各有四身高浮雕飞天，最上端两个化生童子拱卫三刹宝塔，主尊佛腿部两侧各有一高浮雕倒龙，

---

① 中国社会科学院考古研究所、河北省文物研究所编著：《邺城北吴庄出土佛教造像》，科学出版社 2019 年版，第 225—226 页。

龙的后肢托起一莲花化生童子。在主尊佛背屏两侧各有一胁侍菩萨，头戴宝冠，缯带飘落于肩上，面庞方圆，头后有圆形头光与主尊佛背屏相连，颈戴项圈，上身袒露，下身着裙，裙紧裹腿部，凸显腿部轮廓，跣足站立在覆莲莲台上。三像莲台下共用一长方形基座，基座正面为高浮雕，中间两化生童子托博山炉，两侧各有一护法狮子，最外侧各有一神王像；基座两侧面各雕三神王；背屏背面雕刻两身坐在窟中禅修的僧人，中部有发愿文"维大齐天保元年岁次庚午五月廿八日长孙氏陆谨为亡夫北徐州刺史长孙柬敬造阿弥陀佛像一区……"，天保元年即公元550年，北齐建立。

发愿文中的北徐州，在东魏武定年间领有东泰山、琅琊两郡，州治在今天的临沂市兰山区诸葛城村，① 北徐州刺史，东魏延续北魏官员品阶，应在从二品至从三品，属于高级官吏。②

这尊造像几乎是一种全新风格了，更加接近北齐晚期风格，肉髻低平如土丘、面庞方圆、通肩式袈裟、深"U"字领变为浅"U"字领、袈裟及佛衣下摆自然下垂、基座上雕刻神王等。而且背屏样式出现了变化，北魏晚期至东魏天平年间乃至南梁的背屏式造像，均为多像共用一个背屏，背屏下端与基座等宽并为一体，而这尊造像背屏仅为主尊佛，且下端与莲座为一体。但是背屏上的飞天、宝塔还是延续了东魏时期造像特点，尤其是倒龙。

"北齐天保六年李神景兄弟等造无量寿佛"③ （图4-9）。这

---

① 牟松发、毋有江、魏俊杰：《中国行政区划通史——十六国北朝卷（下）》，复旦大学出版社2017年版，第704页。

② 许嘉璐主编：《二十四史全译·魏书·第四册》，汉语大词典出版社2004年版，第2425页。

③ 胡国强主编：《你应该知道的200件曲阳造像》，紫禁城出版社2009年版，第65页。

图4-9　李神景兄弟等造无量寿佛

尊造像出自于曲阳修德寺遗址窖藏，造像仅存主尊佛及长方形基座，残高26.7厘米。主尊佛头部残缺，身披褒衣博带演化式袈裟，右襟在胸前横向敷搭左肩，留有浅"U"字领，浅雕"U"字形槽表示衣纹，袈裟及佛衣覆坛；右手残缺、左手施无畏印，腿结跏趺坐坐于台座之上。主尊佛两侧应各有一胁侍菩萨，现仅剩双脚。台坐下是—长方形基座，基座正面高浮雕图案，中间是一化生童子托举博山炉，两侧是护法的狮子，最外侧是力士像。在基座背后刻有发愿文"天保六年正月廿三日上曲阳县人李神景兄弟等仰为皇帝陛下亡父母敬造白玉无量寿一区并两菩萨……"，天保六年即公元555年。

"北齐天保七年张庆宾造弥勒佛"[1]。这尊造像出自于曲阳修德寺遗址窖藏，是一件单身背屏式造像，背屏大部分缺失，高27.5厘米。佛像肉髻残缺、面庞圆润；削肩，内着僧祇支，外披袈裟，袈裟也是半披式与褒衣博带式相结合，右襟包裹右大臂外侧、从右小臂下穿出横向搭在左小臂上，浅雕双细槽表示衣纹，袈裟薄衣贴体、下摆内收；右手施无畏印、左手施与愿印，跣足

① 胡国强主编：《你应该知道的200件曲阳造像》，紫禁城出版社2009年版，第67页。

踩在覆莲莲台、倚坐于台座上。台座下是一长方形基座，基座背面刻发愿文"大齐天保七年正月廿五日卢奴张庆宾为家人鸣铰造弥勒像亡者升天"。发愿文中的"卢奴"为东魏—北齐时定州中山郡的郡治卢奴城，即今天河北定州。①

这尊造像中仅保留有褒衣博带式袈裟这一北魏晚期样式，余者更接近北齐晚期造像风格，尤其是袈裟下摆不仅不是外展而且明显内收，这是北齐晚期造像的特征之一。

2. 东魏—北齐时期第二阶段佛造像艺术风格特点

东魏—北齐时期佛造像艺术风格，明显抛弃了北魏晚期风格，逐渐形成一种新的艺术风格，但变革得并不是很彻底：

（1）造像的袈裟披着方式依然是褒衣博带式或者是褒衣博带演化式，但出现了新的披着方式，就是半披式与褒衣博带式相结合。

（2）袈裟从厚重开始转向印度笈多风格的薄衣贴体，袈裟及佛衣下摆不再像北魏晚期那样大幅度地外展而是自然下垂甚至是内收。

（3）随着时间的推移，北魏晚期、东魏天平年间袈裟右襟在胸前形成的深"U"字领逐渐变为浅"U"字领，开始慢慢向印度笈多通肩袈裟转变。

（4）大部分造像不再有"秀骨清像"的特征，而改为面庞方圆，躯体逐渐趋向壮硕，肉髻也由高圆柱到低矮。

（5）背屏也开始出现变化，从多像共用一个背屏到一佛二菩萨立像仅有主尊佛有背屏。进入北齐时期，基座的浮雕图案越来越多，从开始的素面到一博山炉两狮子再到八神王。

（6）依然出现佛造像艺术风格变化上，靠近南梁地区的青州一带要较远离南梁地区的曲阳一带更大这一现象。

---

① 牟松发、毋有江、魏俊杰：《中国行政区划通史——十六国北朝卷（下）》，复旦大学出版社 2017 年版，第 644 页。

（7）背屏式造像依然是这一时期的主流样式，但是东魏时期的背屏式造像在尺寸上明显大于北魏晚期、东魏天平年间以及南梁时期，这一特点在青州地区和邺城一带造像更为明显。

（8）还要特别注意的是这一阶段主尊的右手的恣态变化，从第一阶段的四指微微内屈，到第二阶段末期已是较为标准的与愿印了。

3. 东魏—北齐时期第二阶段佛造像艺术风格特点形成原因

政治因素不仅是第二阶段佛造像艺术风格变化的主导性因素，同时也是第三阶段佛造像艺术风格形成的决定性因素，因此在这里一并阐述。

东魏武定五年之前，高欢尚能控制胡、汉之间的矛盾，一方面在中央行政管理上重用汉族士人，推行汉化政策，但另一方面又要笼络、安抚北镇勋贵们。如此一来，在政策、文化上，既不能完全推翻孝文帝以来的汉化政策，但又不得不向北镇勋贵妥协开始去汉化，因此在东魏元象元年至武定八年东魏灭亡期间，在这种政治、文化环境影响下，北魏晚期"秀骨清像、褒衣博带"逐渐丧失了政治、文化基础，但又不能马上、彻底地抛弃汉族审美。因而佛造像艺术风格在元象元年虽然出现了一定程度的变化，但是北魏晚期风格保留得要多一些。

武定五年高欢去世，武定七年高欢长子高澄遇刺身亡，武定八年五月，高洋即位，同年改年号"天保"。高欢去世后，高澄、高洋勉强还能控制胡、汉矛盾，但是已经出现了失控的局面。高澄接管权力后侯景的叛逃就是征兆。高洋掌东魏大权后，并不能像其父亲那样得到原有北镇勋贵的承认，转而更加依靠汉人，但为了拉拢这些北镇勋贵，高洋在高澄去世后即将崔季舒、崔暹叔侄二人鞭挞二百，发配北疆。此叔侄二人均为博陵崔氏，崔暹自高欢起势就一直追随，高欢在世之时就已得罪北镇勋贵；崔季舒为高澄亲信，当时高澄在晋阳，需要在孝静帝身边安插一名亲信，于是擢升崔季舒为中书侍郎。[1] 但是高洋即位建立北齐，立即重用弘农杨氏的杨愔，在其原有的吏部尚书、卫将军等官职上再加太子少傅、阳夏县男、尚书右仆射，不久再加尚书左仆射、开府仪同三司，改封华山郡公，天保九年升尚书令、天保十年封开封王，可见高洋对其的重视。杨愔为百官之首，天保年间全靠他主持大局，[2] 高洋也是以此来平衡胡、汉关系。所以，在高洋在位的十年里，依然没有全面地去汉化，高洋在努力地维持汉化政策，但是他的威望毕竟远不及其父高欢，北镇勋贵势力依然强劲。因此，这十年的佛造像风格虽然继续摆脱北魏晚期"秀骨清像、褒衣博带"的风格，但依然不那么彻底。

胡、汉矛盾的大爆发是在高洋去世之后。天保十年（559年）高洋驾崩，其长子年仅十五岁的高殷即位，而高殷更是无法控制胡、汉双方，因此高洋去世前安排了四个辅政大臣：杨愔、燕子献、郑颐及高归彦。四人中仅有高归彦是皇室成员，他是高欢族弟，其余三人都是汉人世家大族子弟。高洋希望以此来帮助高殷控制北镇勋贵。

乾明元年（560年）二月，高欢第六子高演在北镇勋贵的支持下矫诏杀了尚书令杨愔、尚书右仆射燕子献、散骑常侍郑子默等人。八月，高演废高殷自立为帝。[3] 高演的这次政变是北齐历史上北镇勋贵与汉人世家大族的第一次激烈碰撞，并对北齐之后的政治产生了深远的影响。由于在政变过程中，杨愔、郑子默这样的世家大族子弟被杀，汉族士人自此之后不再积极作为，转而

---

① 许嘉璐主编：《二十四史全译·北史·第二册》，汉语大词典出版社2004年版，第923、926、928页。

② 许嘉璐主编：《二十四史全译·北齐书》，汉语大词典出版社2004年版，第352—353页。

③ 许嘉璐主编：《二十四史全译·北齐书》，汉语大词典出版社2004年版，第62—63页。

明哲保身、被动合作。①

　　高演的政变使得高欢的胡、汉分治政策破产，北镇勋贵的势力更大了。此后的北齐中枢，从浓郁的汉族文官主导转向了北镇勋贵主导，甚至一度达到北镇勋贵在国家机器中清一色的局面。②这样北齐政权自乾明元年后，无论是政治上还是文化上都开始了去汉化、胡化的过程，也就开启了东魏—北齐时期佛造像艺术的第三阶段，而这一次变化是巨大的，完全舍弃了北魏晚期的本土审美艺术风格，吸收了印度笈多时期佛造像艺术。

三　东魏—北齐时期第三阶段

　　从乾明元年开始到承光元年（560—577 年）北齐为北周所灭，也仅仅只有 17 年的时间（承光元年仅一月）。但在这短短的 17 年里，不仅制作了大量的造像，更是完成了吸收笈多艺术形成新的造型风格的过程。奠定了后面隋、唐两代的佛造像艺术风格的形成。

1. 东魏—北齐时期第三阶段佛造像实例

　　虽然第三阶段有明确纪年的造像数量很多，但从题材上可以发现，这一时期菩萨像居多，无论是观世音菩萨还是思维菩萨，明显多于佛像。河北黄骅县（今黄骅市）出土石雕造像中，带有明确纪年的北齐造像共 16 尊，从天保元年至天统三年，竟无一件佛像，均为菩萨像。同样的现象也出现在山东博兴金铜佛像上，带有明确纪年的北齐造像共 8 件，其中 6 件为菩萨像。说明这一时期，北齐境内菩萨信仰盛行。这样一来，虽然北齐时期造像存世数量是后三国时代最多的，但是带有明确纪年的佛像数量

---

①　韦琦辉：《东魏北齐胡汉分治政策与高演政变》，《社会纵横》2011 年 6 月，第 113 页。

②　王仲荦：《中国断代史系列——魏晋南北朝史》，上海人民出版社 2003 年版，第 562—563 页。

并不是很多。因此，会选取一些没有明确纪年但能够确定时代的佛像进行分析。

"北齐河清二年僧想造弥勒像"[1]。这尊造像是一件单身背屏式造像，出自于曲阳修德寺遗址，背屏大部分被毁，残高25.5厘米。佛像肉髻低平如土丘、磨光发髻、面庞丰满圆润、躯体健硕，袈裟磨损严重，推测披着方式为褒衣博带演化式，胸前留有深"U"字领，袈裟薄衣贴体、凸显躯体轮廓，在胸前、两腿部细线阴刻"U"字纹；跣足、倚坐在台座上，台座下是长方形基座。基座左右两面刻发愿文"河清二年二月十日比丘僧想为亡父母造弥勒下山玉象一躯愿使亡见存同获佛菓"，河清二年，武成帝高湛年号，即公元563年。

这尊造像仅有褒衣博带演化式袈裟延续了之前的风格，余者完全是一种新的造像风格，面庞丰满圆润、躯体健硕、袈裟薄衣贴体，抛弃了本土审美转而接受了印度笈多艺术风格。但是这件造像身体比例并不协调，无论是雕刻技艺还是艺术水准，与前文介绍过的同窖藏的造像无法相提并论。

前文提到过，曲阳修德寺遗址佛教造像窖藏里的造像，并不都是出自修德寺，发愿文中提到过八个佛寺名称。这一现象同样存在于邺城遗址北吴庄佛教造像窖藏、青州龙兴寺佛教造像窖藏。之所以判断同一窖藏出土的造像在不同寺院供奉，除了发愿文的记载外，重要的就是造像本身。这些窖藏出土的造像，明显能够看出造像之间雕刻水平的差异以及艺术水准的差距，因此这些造像不太可能是出自于同一匠人或者同一水平的匠人之手。佛造像雕刻技艺的高低、艺术水准的好坏，在很大程度上取决于供养人的经济状况、工匠的雕刻水平。

---

[1] 胡国强主编：《你应该知道的200件曲阳造像》，紫禁城出版社2009年版，第68页。

"北齐天统二年比丘尼静藏造释迦佛像"①。这是一件一佛二弟子龙树背屏式造像，出自于曲阳修德寺遗址窖藏，造像的背屏缺失，残高23厘米。主尊佛头部缺失，宽肩、躯体健壮，身披"右袒式"袈裟，袈裟薄衣贴体，右小臂缺失、左手置于左腿之上，腿结跏趺坐坐在束腰圆座上。主尊佛右侧弟子仅剩小腿，左侧弟子身披"右袒式"袈裟、双手捧物站在莲台上。三像台座下是一个长方形基座，基座正面中间是两个化生童子托举博山炉，两侧各有一只护法狮子，最外侧为力士。基座背面刻有发愿文"大齐天统二年四月八日比丘尼静藏敬造释迦白玉像一区上为国王帝主师僧父母己身眷属边地含生俱登正道"，天统二年为后主高纬年号，即公元566年。

这尊造像的风格已经是典型的北齐晚期的造像风格了。

图4-10　赵田姜造佛像

"北齐武平四年赵田姜造佛像"②（图4-10）。这件造像出自曲阳修德寺遗址窖藏，是一件龙树式背屏造像，龛和树的上部残缺，残高25.4厘米。主尊佛肉髻如土丘、磨光发髻、面庞丰满圆润，头后有圆形头光；佛像躯体

---

① 胡国强主编：《你应该知道的200件曲阳造像》，紫禁城出版社2009年版，第69页。
② 胡国强主编：《你应该知道的200件曲阳造像》，紫禁城出版社2009年版，第73页。

健硕，身披"右袒式"袈裟，袈裟薄衣贴体、衣纹简略，双手残缺，腿结跏趺坐坐于覆莲莲台上，覆莲莲瓣平铺于下方基座上。主尊佛两侧本应有胁侍菩萨、弟子，现在仅剩左侧一弟子像。主尊佛应是坐在一个圆拱尖眉龛中，龛为前后两排柱子，前排柱子为两棵树、每棵树上盘一条龙。佛像莲座下方是一个长方形基座，正面中间雕博山炉，两侧各有一护法狮子和力士。基座后面刻有发愿文"大齐武平四年七月廿三日佛弟子赵田姜敬造玉象一区……"，武平四年为后主高纬年号，即公元573年。

这尊造像的背屏是"龙树背屏"，盛行于北齐时期。目前有明确纪年最早的龙树背屏出自于曲阳修德寺遗址窖藏的"东魏武定五年（547年）邸显造思维菩萨像"，虽然背屏残缺不全，但是能够看到背屏为双树，树上盘绕一条龙，这也是"龙树背屏"名字最初的由来。目前发现的东魏龙树背屏仅此一件。完整的龙树背屏最早见于邺城遗址北吴庄窖藏的"北齐天保元年（550年）法□造像"。龙树背屏的基本形制就是双树枝叶相交、树叶婆娑、树干盘龙，亦有树干无龙而雕刻罗汉、菩萨的，"北齐天保元年（550年）法□造像"就属后者。由此可见到了北齐时期，"龙树背屏"之名与树上有无盘龙已然没有关系了。① 龙树背屏与莲瓣形背屏最大的区别就是雕刻工艺，莲瓣形背屏式是一个整体，而龙树背屏均为透雕，对于工匠的雕刻技艺要求较高。目前公开资料显示，龙树背屏出现在曲阳修德寺遗址窖藏、邺城遗址北吴庄窖藏以及河北其他地方出土的造像，但是在山东青州龙兴寺窖藏、诸城窖藏等山东地区出土的造像中并未见到。

这件造像身披"右袒式"袈裟，在后三国时代的南梁、西魏—北周时期均不见"右袒式"袈裟。而北齐时期，无论是在曲

---

① 冯贺军：《曲阳白石造像研究》，紫禁城出版社2005年版，第85—86页。

阳、邺城还是青州，"右袒式"袈裟较为普遍。费泳先生认为，之所以北齐时期出现"右袒式"袈裟应与北齐画家曹仲达有关，① 后文会详述。

图 4 – 11　南响堂山石窟第 1 窟中心柱
正面龛坐佛

"南响堂山石窟第 1 窟"② （图 4 – 11）。南响堂山石窟第 1 窟为中心柱塔庙窟，窟分前后室，后室为方形，正中有一方形塔柱，塔柱上端与窟后壁相连、下端留出甬道。塔柱三面开三龛，只有正面龛内佛像保存最为完好。塔柱正面开帐形龛，高 3.04 米、底宽 2.87 米。龛内原雕一佛四弟子二菩萨，现在主尊佛左侧一弟子二菩萨遗失，且仅有主尊佛保留有头部。主尊佛残高 2.08 米，虽然头部右上残缺，但依然能看出面庞圆润，内着僧祇支，外披敷搭双肩下垂式袈裟，袈裟薄衣贴体，右手握空拳、左手施无畏印，腿结跏趺坐坐于束腰仰覆莲台之上；头后有圆形头光及身光，在身光内雕缠枝莲花卷草纹、内雕七坐佛。身光外两侧各雕四身飞天，最上两飞天托博山炉。主尊佛身侧各有一弟子，内着僧祇支，外披敷搭双肩下垂式袈裟，左侧弟

---

① 费泳：《中国佛教艺术中的佛衣样式研究》，中华书局 2012 年版，第 174、182 页。
② 赵立春：《响堂山石窟的编号说明及内容简录》，《文物春秋》2000 年第 5 期，第 65 页。

子双手捧莲蕾于胸前、右侧弟子左手持钵于胸前，跣足站立在台座上；主尊佛右侧第二位弟子，身着"右袒式"袈裟，双手合十于胸前；最外侧菩萨上身袒露、下身着裙。弟子、菩萨衣服下摆自然下垂。①

主尊佛的风格及弟子、菩萨衣服下摆形式都是典型的北齐晚期风格。

"北响堂山石窟第3窟"②（图4-12）。北响堂山第三窟，是南区大窟，也是北响堂山石窟最大的三个窟之一。窟为方形三壁三龛窟，主壁开帐形龛，高3.3米、宽4.45米、深1.55米。内

图4-12　北响堂山石窟第3窟　龛主壁

① 《中国佛教美术全集·雕塑卷·响堂山石窟（上）》，天津人民美术出版社 2014年版，第11—13页。
② 赵立春：《响堂山石窟的编号说明及内容简录》，《文物春秋》2000年第5期，第63页。

塑一佛二弟子四菩萨，所有造像的头部都被砸毁。主尊佛残高2.3米，宽肩、躯体健硕，内着僧祇支、外披敷搭双肩下垂式袈裟，右手已残、左手施无畏印，腿结跏趺坐坐于须弥座上；主尊佛虽然头部缺失，但是能够看到雕琢在窟壁上的圆形头光以及身光，头光内雕刻复层莲瓣、身光内雕刻缠枝莲纹及七个小佛像。两侧各有一弟子，身着敷搭双肩下垂式袈裟、双手捧物于胸前，跣足站立在覆莲莲台上。弟子外侧各有两身菩萨，靠近弟子的菩萨颈戴项圈、肩披帔帛，帛带在胸前系结后交叉飘落于膝部，然后向上绕过手臂垂落于身体两侧，身披璎珞，璎珞在腹部交叉后垂至小腿，上身袒露、下身着裙，跣足站立在覆莲莲台上。最外侧两菩萨，上身袒露、下身着裙，跣足站立在覆莲莲台上。两弟子、四菩萨头后均有莲瓣形头光、圆形身光，身光内雕刻卷草纹；他们的衣服下摆都是自然垂直。龛下为佛坛，正面开壸门，中间雕刻博山炉，两侧各有一护法狮子、两伎乐。①

　　"北齐佛立像"②（图4-13）。这尊造像出自于青州龙兴寺窖藏，残高98厘米。佛像为单体圆雕造像，肉髻如土丘、面庞丰满圆润，身着通肩式袈裟，袈裟薄衣贴体凸显躯体轮廓，细线阴刻对称"U"字纹表示衣纹，下身着裙，袈裟及佛衣下摆自然下垂。右手握袈裟衣角、左手及双足残缺。佛像头部后有莲瓣形头光、圆形身光。身光外圈细线阴刻卷草纹，其上高浮雕七尊坐佛（左上残缺）。

　　这件造像有两个地方特别需要留意，一是"右手握袈裟衣角"，按照律典应是左手握袈裟衣角，如按照实际披着，通肩式

　　① 《中国佛教美术全集·雕塑卷·响堂山石窟》（下），天津人民美术出版社2014年版，第56、61页。
　　② 青州市博物馆编：《青州龙兴寺佛教造像艺术》，山东美术出版社1999年版，第49页。

袈裟的右襟是要搭在左肩背后的，因此右侧是没有袈裟衣角的，北周造像均为左手握袈裟衣角，北齐时期造像手握袈裟衣角的情形并不多见，这件造像手握袈裟衣角较为罕见，但不知何故右手握衣角；二是发髻，这尊造像猛一看，发髻似螺发，但是仔细观察，其发髻是一个一个的圆形并没有螺纹。

"北齐彩绘贴金佛立像"（图4－14）。这尊造像出自青州龙兴寺窖藏，残高122厘米。佛像为单体圆雕造像，肉髻如土丘、螺发、面庞丰满圆润，内着僧祇支，外披通肩式袈裟，右襟在胸前留有浅"U"字领，袈裟薄衣贴体、凸显躯体轮廓，细线阴刻两排"U"字纹表示衣纹，下身着裙，袈裟及佛衣下摆自然下垂；双手、双足残缺。造像残留有彩绘、贴金。

图4－13　石雕佛立像

图4－14　彩绘贴金佛立像

这件造像的发髻是螺发，在北齐时期造像中，螺发出现的准确时间难以确定，目前有明确纪年的佛像均未见到螺发，且曲阳、邺城及河北其他地区发现的造像中，无论有无纪年都未见到螺发。山东古青州地区（包含今天的青州市、诸城市、临朐县等）出土的造像，多见螺发。我国佛像的螺发目前发现最早的是南梁"天监十年王州子造释迦像"，即公元511年。而北周时期造像螺发较早的是"保定五年范令造释迦像"，即公元565年。山东地区佛造像的螺发的渊源也应是在南梁。

"北齐彩绘佛立像"（图4-15）。这尊造像出自青州龙兴寺窖藏，为单体圆雕造像，造像头部缺失，残高85厘米。造像身披通肩式袈裟，右襟搭至左肩形成小圆领，袈裟薄衣贴体、凸显躯体轮廓，袈裟雕刻福田纹、保留有部分彩绘；右手握袈裟衣角、左手及双足残缺，下身着裙，袈裟及佛衣下摆内收。

这件造像也是右手握袈裟衣角，而且值得关注的是，袈裟更加的薄衣贴体，下摆已不是自然下垂而是内收，其整体风格更加接近笈多时期萨尔纳特风格（图4-16）而非秣菟罗风格，这也是北齐时期青州地区佛造像的特点。从三件青州龙兴寺窖藏造像还可以看出青州地区佛造像的另一个特点，就是北齐晚期多单体

图4-15　彩绘佛立像　　　　图4-16　佛立像　萨尔纳特风格

圆雕造像且体量较大。同一时期，曲阳、邺城地区单体圆雕造像极为少见。

2. 东魏—北齐时期第三阶段佛造像艺术风格特点

（1）完全抛弃了北魏晚期的本土化风格"秀骨清像、褒衣博带"，在吸收印度笈多时期艺术的基础上形成了新的风格：肉髻低平如土丘、面短而艳、躯体健硕；袈裟薄衣贴体、凸显躯体轮廓；北魏晚期袈裟及佛衣潇洒飘逸的下摆外展也被自然下垂甚至微微内收所取代。

（2）北齐晚期造像中，袈裟披着样式不但没有了纯粹的褒衣博带式，而且样式多样，通肩式、"右祖式"、半披式与褒衣博带式结合、褒衣博带演化式及敷搭双肩下垂式等。通肩式、"右祖式"都是受到了印度笈多佛教艺术的影响，而"右祖式"袈裟的出现，则是第三阶段独有的袈裟披着方式。

（3）造像身体比例尤其是单体圆雕造像更加协调，头身比一般在1：5。

（4）青州地区多像背屏式造像逐渐消失，取而代之的是单体圆雕造像；而在曲阳、邺城等地新出现了龙树背屏以及双身像。

（5）依然存在南、北地区风格变化的差异，青州地区造像受到笈多时期萨尔纳特风格影响更多一些，而在同期的曲阳地区受到的影响就要小一些；双身像几乎不见于青州地区造像，但是在曲阳、邺城地区则是常见的题材；青州地区佛像出现了螺发，曲阳、邺城地区目前还未见到佛像螺发。

3. 东魏—北齐时期第三阶段佛造像艺术风格特点形成原因

北齐晚期的佛造像风格特点的形成，除了前述提到的政治因素外，还与统治阶层佞佛、外来艺术的影响有关。

（1）高氏家族的崇佛

北齐仅仅只有27年，但是留给我们大量的佛教造像、寺院遗址、石窟等佛教遗产，与高氏家族崇信佛教有着密切的关系。永熙三年，高欢挟孝静帝迁都邺城时，不仅仅是带着洛阳城40万户百姓，同时还将洛阳城中众多僧尼一起徙邺，《洛阳伽蓝记·序》记载"暨永熙多难，皇舆迁邺，诸寺僧尼，亦与时徙"①。如此多的僧尼到来，邺城原本的寺庙无法容纳，于是达官显贵们开始舍宅为寺，由于数量过大，元象元年秋（538年）孝静帝不得不下诏禁止新建寺院。兴和二年（540年），孝静帝迁往新建好的邺南城新宫，将邺北城的旧宫改为"天平寺"②。

北齐诸帝更是信奉佛教，天保三年，高洋下诏，将国家储备分为三分，国用、自用及"三宝"用，所谓三宝即"佛、法、僧"，以国储的三分之一供养僧人实为罕见。③《续高僧传·卷十·靖嵩传》记载"属高齐之盛，佛教中兴，都下大寺略计四千，见往僧尼八万"④，仅邺城一地就有大寺四千、僧尼八万，这也是为什么邺城遗址能发掘出两座大寺遗址以及近3000件佛教造像的原因了。《续高僧传·卷八·法上传》记载："故魏齐二代，历为统师，昭玄一曹，纯掌僧录……所部僧尼，二百余万。"⑤北周建德三年（574年）下诏灭佛，建德六年灭北齐，在北齐境内收寺四万所、还俗僧尼近三百万人。⑥北齐亡国之时有寺不低于四万所，这是什么概念呢？《魏书·释老志》记载，北

---

① （东魏）杨衒之著，尚荣译注：《中华经典名著　全本全译全注丛书——洛阳伽蓝记》，中华书局2012年版，第6页。

② 许嘉璐主编：《二十四史全译·魏书·第四册》，汉语大词典出版社2004年版，第2462—2463页。

③ 赖永海主编：《中国佛教通史（第二卷）》，江苏人民出版社2010年版，第86页。

④ （唐）道宣：《四朝高僧传·续高僧传》（上），中国书店2018年版，第515页。

⑤ （唐）道宣：《四朝高僧传·续高僧传》（上），中国书店2018年版，第476页。

⑥ 杜继文主编：《佛教史》，江苏人民出版社2008年版，第167页。

魏延昌年间（512—515 年）"天下僧尼寺，积有一万三千七百二十七所"①，也就是说，北齐以不到北魏一半的领土，建寺数量却是北魏的三倍。由此可见有齐一代佛教之兴盛。恰恰是由于北齐统治阶层的佞佛，为这一时期大量制作佛像提供了优厚的条件，所以这一时期佛教造像无论在数量、还是在艺术水平上都远超后三国时代的另两方。

（2）外来艺术的影响

北齐晚期佛像艺术风格，明显有着印度笈多时期佛教艺术的影子，但是我们知道，北齐控制疆域是我国最东部，无论是绿洲丝路还是南方丝路，都要穿越敌对势力控制的疆域，因此很难与印度取得直接的联系。但是这一时期造像风格形成过程中又明显是受到了印度笈多时期艺术的影响，笈多时期艺术如何传入北齐的呢？在探讨这一问题之前，我们要先了解一个人——北齐大画家曹仲达。

曹仲达，生卒年不详，约活跃于公元 6 世纪中晚期，在《北史》《北齐书》等正史中无传，唐代张彦远所著《历代名画记》中有简单的记载。《历代名画记·卷八》"曹仲达，本曹国人也。北齐最称工，能画梵像，官至朝散大夫"②。曹国，即中亚"昭武九姓"之一，最早出现在《隋书·曹国传》。在北朝时期，为康国的附庸，隋朝大业年间（605—617 年）曾遣使来朝。据考证，曹国位于今天乌兹别克斯坦第二大城市撒马尔罕西北约 50 公里，③ 也正处于绿洲丝路之上。经学者考证，曹仲

---

① 许嘉璐主编：《二十四史全译·魏书·第四册》，汉语大词典出版社 2004 年版，第 2457 页。

② （唐）张彦远著，俞剑华注释：《历代名画记》，上海人民美术出版社 1964 年版，第 158 页。

③ 许序雅：《〈新唐书·西域传〉所记"曹国"考》，《浙江师大学报》2000 年第 3 期，第 47 页。

达生于南梁的可能性更大，① 因此，曹仲达没有机会直接面对印度笈多时期艺术。但是，北齐晚期佛造像艺术风格的形成确实与他有关系，这就要从他的师承着手了。

《历代名画记·卷二》记载"曹仲达师于袁"，这里的"袁"是指袁昂，同卷记载"袁昂师于谢、张、郑"，袁昂师从于谢赫、张僧繇。② 也就是说，曹仲达是张僧繇的再传弟子，其画风应有"张家样"的特点。前文曾经介绍过张僧繇，他是吸收了笈多时期绘画艺术的，进而形成了"面短而艳"风格。作为张僧繇的再传弟子，自然"面短而艳"也会体现在曹仲达的绘画风格中，之后曹仲达入北齐，自然就会影响北齐时期的佛造像艺术风格。

北宋郭若虚所作《图画见闻志》中也记载了曹仲达的绘画风格："曹之笔其体稠叠而衣服紧窄，故后辈称之曰：吴带当风、曹衣出水……雕塑铸像亦本曹吴"③，这条记载首先告诉我们曹仲达的绘画风格就是薄衣贴体、衣纹稠密，而且北齐当时的佛像蓝本就是曹仲达的绘画。这种人物画风格与印度笈多时期秣菟罗风格更为接近。

曹仲达是从南梁入齐的，加之北齐晚期造像背屏上的宝塔、飞天以及佛像的螺发都是首先出现在南梁的。所以，南梁佛造像艺术风格北传，应该是东、西两条道路。西边则是以成都为起点，前文已经详细介绍了。东边则应是以建康（今南京）为起点，向北入广陵（今扬州），后至彭城（今徐州），再取道齐郡（今青州），然后向东传至邺城（今临漳），之后再向北影响曲

---

① 邱忠鸣：《曹仲达与"曹家样"研究》，《故宫博物院院刊》2006 年第 5 期，第 91 页。

② 袁昂在梁，郑法士在隋，不应相师——原注。（唐）张彦远著，俞剑华注释：《历代名画记》，上海人民美术出版社 1964 年版，第 29—30 页。

③ （北宋）郭若虚：《图画见闻志》，商务印书馆 1936 年版，第 33—35 页。

阳。^① 通过对青州龙兴寺窖藏、邺城遗址北吴庄窖藏、曲阳修德寺遗址窖藏出土的造像分析，位于北齐疆域南端的青州地区佛造像风格变化更接近南梁，而位于北部的曲阳地区的造像风格变化幅度要小、时间上要滞后于青州，甚至还保留有一些北魏晚期本土化风格的特点。

南梁佛造像艺术分格呈现出笈多秣菟罗艺术风格更多一些，而曹仲达的绘画风格同样是更偏向于笈多秣菟罗艺术，但北齐晚期青州地区的很多佛造像甚至曲阳地区的个别造像都体现出了笈多时期萨尔纳特风格的特点。而萨尔纳特风格在南梁造像上体现得不是很明显，所以北齐接受萨尔纳特风格应该还有一条路线，这就是海路。

这条传播路线的起点是印度，终点应该就是青州。早在十六国时期，青州就已存在港口，而且有着较为发达的造船业。《晋书·石季龙》"（季龙）……又令青州造船千艘"^②。到了东晋义熙八年（412 年），十三年前西行求法的高僧法显，在青州长广郡牢山南岸登陆；^③ 而早于法显四年，天竺僧佛陀跋陀罗在青州东莱郡登陆。^④由此可以看出，青州在十六国至东晋时期是我国北方重要的海港。但是，历代文献中并没有出现东魏、北齐两朝通过海路与外界贸易、交流的记载。基于目前的资料，笈多时期佛造像艺术通过海路传入北齐，只能是一种合理的推测，而并没有翔实、可靠的资料加以证实，只能待今后有更多的资料出现，来加以证实。

---

① 费泳：《汉唐佛教造像艺术史》，湖北美术出版社 2009 年版，第 257 页。

② 许嘉璐主编：《二十四史全译·晋书·第四册》，汉语大词典出版社 2004 年版，第 2376 页。

③ （南梁）慧皎撰，汤用彤校注，汤一玄整理：《高僧传》，中华书局 1992 年版，第 90 页。

④ （南梁）慧皎撰，汤用彤校注，汤一玄整理：《高僧传》，中华书局 1992 年版，第 90 页。

小　结

　　后三国时代的东魏—北齐时期，佛造像艺术风格的形成以及演变，与当时的政治、信仰以及文化交流有着密不可分的联系。高欢对于北镇勋贵和汉人世家大族的控制，导致其政策的摇摆，也影响了东魏初年佛造像艺术风格。其后高演政变，北镇勋贵最终站到了权力高峰，北齐开始胡化，佛造像艺术也随之发生改变。由于东魏—北齐地理位置所限，无法直接吸收印度笈多时期佛造像艺术，南梁就成为他们获取域外艺术的重要途径。张僧繇的"面短而艳"通过再传弟子曹仲达，显现在北齐晚期的佛造像上，而笈多萨尔纳特风格也出现在了这一时期的造像上。最终，形成了北齐晚期的佛造像风格，并且对于隋唐，尤其是唐代佛造像艺术风格的形成有着重要影响。

总　　结

当我们走进博物馆站在展柜前，当我们漫步石窟抬头仰望，我们面前的这些雕像不仅仅呈现出艺术之美，更是一个时代的缩影。雕像是具象的表现，而背后是精神的凝聚。"知其然，更要知其所以然"，面对这些雕塑作品，乃至更多的文物，我们不仅是欣赏艺术之美，更要知道"美"的来源，为什么会这么"美"，"美"与"美"之间的不同！

后三国时代仅仅只有四十余年，这是我国历史上承上启下的时代，政治上门阀士族开始衰落；经济上江南随着中原先进生产技术的到来得到了大开发；社会上虽然战争依然存在，但整体趋于稳定、繁荣；文化上玄学归于沉寂儒学再度成为显学；对外交往上通过陆路与海路持续与外界进行着沟通、交流；这个时代更是我国历史上第一次民族大融合的尾声。而这一切的变化，都会影响着这个时代的方方面面，当然包括佛教造像艺术。后三国时代，不同时期佛造像艺术风格的形成，几乎都是受到它们中间多因素共同的影响。

政治方面，"上有所好，下必甚焉"，统治阶层尤其是皇帝的个人好恶，对于整个社会的影响是巨大的。南梁、北齐的皇帝佞佛，佛教造像无论在数量还是在艺术水准上都达到了一定的高度。

经济方面，当国家财政丰盈、百姓富足、社会安定，如南梁、东魏—北齐的佛教造像数量明显增多，西魏—北周尤其是西魏，佛教造像数量是后三国时代最少的。

文化方面，玄学逐渐衰落，儒学地位再次上升，佛教回归本来面目，"褒衣博带、秀骨清像"的本土化审美失去了土壤，"面短而艳"成为社会时尚。

对外交流方面，南梁通过海上丝路、绿洲丝路（河南道）得以与印度直接进行交流，笈多艺术传入南梁从而影响了南梁画坛，进而改变了佛教造像的艺术风格；北周从南梁汲取了文化的养分，提升了自身的文化、艺术修养，也改变了西魏时期的造像艺术风格；北齐不仅从南梁吸收了笈多艺术风格，更有可能从海路传入了笈多时期萨尔纳特风格，造就了北齐的佛造像艺术风格。

不仅是后三国时代的佛造像艺术，应该是每个时代的佛造像艺术都是处于时代背景之下的，反映的是每个时代的政治、经济、文化现象。当我们再去欣赏这些造像时，看到的不仅是优美的曲线、完美的身体比例、精湛的雕刻技艺，还应该看到时代的痕迹。

我的成长史

——中国国家博物馆志愿者生涯二十年回顾

引　子

2002—2022 年，整整二十年，我在中国国家博物馆当了整整二十年的志愿者，这是我引以为傲的二十年，也是改变我人生的二十年，我在这漫长又短暂的二十年里发生了怎样的变化啊？！

影响我命运的那一刻出现在 2002 年的 3 月 6 日。

第一章　一本流水账

20 年间，随着国博的发展、时代的变迁，我的志愿者生涯也随之变化。从中国历史博物馆到中国国家博物馆，从家庭式的管理到制度的设立，从背讲解词到开培训讲座，期间还经历了两次重大疫情。

回顾这 20 年志愿者生涯，大致可以分为四个阶段：

大家庭　2002 年 3 月—2007 年 2 月

2002 年 3 月 6 日

一切都源自于我家订阅的《北京晚报》，2002 年 3 月 6 日头版中央的一个豆腐块，彼时，还不是国家博物馆而是中国历史博物馆（附图 1）。

附图 1　招募启事

2002 年 4 月

具体是哪天面试的，我已然记不清楚了，大抵是在 3 月底，面试的时候还赠送了一本小书——《中国历史博物馆》（附图 2），我珍藏至今。面试地点是在中国历史博物馆的贵宾厅（附图 3）。大概的位置是现在国博一层大厅南侧的大台阶。

附图 2　《中国历史博物馆》　　附图 3　崔淑舫老师

面试每天上下午各一组，每组约在 15—20 人。面试的时候，十几个人坐在沙发上，面试者要面对四位老师站立，大约距离五米左右。我是上午第三个，挺幸运，我一向是抱着"早死早超生"的态度应对各类考试，否则就是煎熬。

2002 年 4 月 21 日

面试过后，真正的煎熬才开始。

真的是不抱太大希望的，因为只招聘 30 人！自己几斤几两还是清楚的！当拿到通知书的时候还是很兴奋的，心里还是很美的，30 人啊，自己居然能被录取（附图 4）。

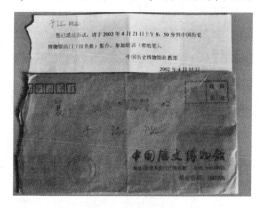

附图 4　录取通知

培训的那天，提前很早就到了历博西门。随着时间的推移，开始觉得不对劲，西门这聚集了绝对不止 30 人。不久有工作人员带我们到了南门外小楼的地下多功能厅，一进去，发现至少得有 100 多人啊！

后来才知道，由于报名人数太多，老师们难以取舍，干脆一下收了 150 人，每 50 人一组，分配到三个展览。我有幸被分到了特展《契丹王朝》。

150 人，经过培训、考核、上岗讲解，半年后有 86 人留了下来！而二十年后的今天，在册的仅剩 11 位了！

2002 年 4 月—2002 年 6 月

一个对于文物知识完全小白的人，在没有看到实物的情况下，就要背下来一个小时一万多字的讲解词（附图 5），难度可想而知。但这也为今后的讲解之路打下了坚实的基础。

展览在 6 月 10 日开幕，在五十多天的时间里，享受了历博全方位的培训，从第一位正研级讲解员齐吉祥老师到著名学者孙机先

203

附图 5　《契丹王朝》讲解词

生，从《契丹王朝》的策展人陈成军老师到讲解组组长崔淑舫老师。之后就是负责撰写《契丹王朝》讲解词的王秀凤老师，对我们这些纯粹的门外汉进行了更加细致、更加有针对性的培训。

从如何拆解讲解词开始，解释文物中的知识点，如何讲解，开展后又带着我们走展线，如何站位、如何走位。

2002 年 6 月 28 日

2002 年的 6 月 21 日，我通过了展厅实地讲解考核，正式成为了一名"中国历史博物馆志愿者"（附图6）。

2002 年 6 月 28 日，是我第一次以中国历史博物馆志愿讲解员的身份进行讲解（附图7）。这是一个周五，为了庆祝，家母特意在北海公园的仿膳请我吃了饭。而这一天我 25 岁，正式开启了我在国博的志愿讲解生涯！

附图 6　志愿者工作手册

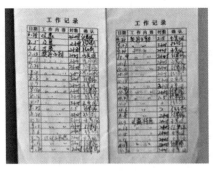

附图 7　服务记录

2003 年 2 月—2003 年 7 月

这期间发生了两件大事。第一件就是在 2003 年 2 月，原中国历史博物馆和中国革命博物馆合并，中国国家博物馆正式成立（附图8）。两馆志愿者也合并在了一起。

第二件事情就是"非典"。国博因非典疫情，2003 年 4 月 15 日闭馆，这是国家博物馆第一次因为疫情而关闭。还不到一年的志愿讲解戛然而止，但这也恰恰促成了国博志愿者发展中的一个契机。

当疫情在 6 月稳定之后，我们这些当时还算年轻的人，开始在周末聚在一起，香山、颐和园、北海公园、玉渊潭公园。做游戏、玩

附图8　中国国家博物馆志愿者工作证

"天黑请闭眼"；聊文物、探究历史。原本还是非常陌生的一群人，逐渐开始熟悉、了解，这些散落在不同行业、不同年龄、不同经历但志趣相投的人，因历博而相聚、因"非典"而相知，国博志愿者"大家庭"在不知不觉中诞生了！

2005 年 3 月 19 日

关于中国国家博物馆要改扩建的消息在这一年的年初就已经满天飞了！而这意味着，志愿者们很可能要几年都无法讲解了，这对于已经讲解两年、并且成瘾的一群人，将是一种煎熬啊！

恰在 2014 年 12 月，故宫博物院开始第一次招募志愿者。我有幸成为了故宫博物院第一批志愿者中的一员（附图9），但我仅仅干了不到一年便退出了！

成为故宫志愿者在我的志愿者生涯当中，尤其是对于我自身提高有着重要的意义，因为这是我第一次系统地写一个展览的讲解词！

异彩纷呈 梵华互鉴

附图9　故宫博物院志愿者手册

我当时被分在珍宝馆后三部分，也就是养性殿、乐寿堂、颐和轩。但当时故宫并没有这部分的讲解词，因此我们决定自己写。我、冯海啸老师、赵阳路老师、朱宏老师、苏力老师，五个人各自写一部分，然后再统合在一起。由于我之前在国博《承德避暑山庄三百年特展》中讲过藏传佛教造像，因此以佛教文物为主的颐和轩就归我负责。

2006 年 9 月

国博改扩建的时间基本上确定了下来，我又再次尝试新的挑战。2006 年 9 月 28 日，《伟大的世界文明》展在中华世纪坛开幕，而为了这个展览，世纪坛也第一次招募了志愿者。

2003—2005 年，我在中国国家博物馆先后讲解了《古埃及文物展》《古罗马文明》和《古代希腊》三个展览，因此《伟大的世界文明》展对我而言不算难上手。

遗憾的是，这一年我正好换了工作，频繁的出差已经无法让我稳定地去讲解了，不得已再一次放弃了成为两个博物馆志愿者的努力（附图10）。

附图10　中华世纪坛志愿者工作证

沉淀 2007 年 3 月—2010 年 12 月

2007 年 3 月

中国国家博物馆改扩建工程正式启动，2007 年春节过后，中国国家博物馆闭馆，当时预计两年后就能重新开馆，没有想到再一次站在国博展厅讲解竟然是四年后。

由于已经知道过了春节就不能讲解了，因此 2007 年 1 月的总结会上，气氛还是有些伤感的，因为有些志愿者老师的年龄已经比较大了，很可能开馆之后就无法再站在展厅了，有些志愿者要回到自己的家乡也不可能再来讲解了，而负责我们的国博的老师们也临近退休的年龄。

附图 11　2007 年台历

我整理了从 2004 年开始拍摄的照片，做了台历赠送给老师们留作纪念，并在最后一页附上了 2002 年以来志愿者们讲解过的展览（附图 11、12）。

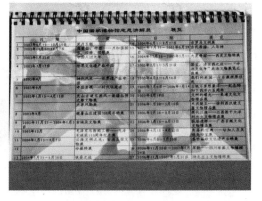

附图 12　我们讲过的展览

当 2011 年我们回到国博后，从 2002 年就开始带我们的张天莉老师、纪聿绵老师由于转部门和退休，则不再负责志愿者了！

　　中国历史博物馆（后中国国家博物馆）在 2002 年 3 月对社会公开招募第一批志愿者后，分别在同年 7 月、2003 年 4 月、2004 年 4 月以及 2006 年 4 月招募了四批志愿者。2002 年 7 月中国革命博物馆也招募了志愿者，约 70 余人。

　　由于那时的资料丢失较多，每批具体多少人已无准确数据了，大约每一批在 30—40 人之间，截止到 2006 年，国博大致招募志愿者约 340—370 人。

　　经历了五年的洗礼，最终留下了 91 人（附图 13—14），严格上说流失率还是惊人的，这也为日后国博志愿者的制度化管理埋下了伏笔。

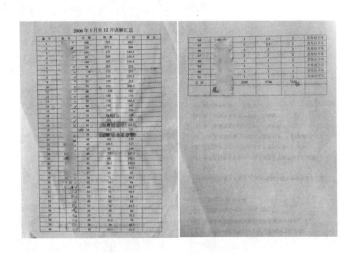

附图 13—14　2007 年志愿者总数

　　2002—2007 年，国博志愿者的大家庭，不仅是志愿者之间、志愿者与国博老师们之间如同家人的关系，更是国博志愿者管理的一种模式。随着时代的变化、人数的增多，如何管理志愿者也是一个新的课题了！

2007 年 3 月—2010 年 12 月

虽然国家博物馆闭馆了，但是国博对志愿者并没有放任不管。时任中国国家博物馆社教部主任的黄琛主任决定利用这段时间，让志愿者得到更多的学习机会，提高志愿者的基本业务能力。

就这样，《国史讲堂》登上了历史舞台（附图 15—16），这也是今天国博《国博讲堂》的前身。为了让志愿者系统、并且有质量地学习历史、文物知识，邀请了北师大的老师讲授历史课、北大考古学院的老师讲授考古课、国博的老师讲授文物鉴赏课。

附图 15—16　《国史讲堂》听课证

上课地点最初在端门之上，后来改在国博在三元桥的办公楼里，最后一个阶段的课则是在新国博的图书馆。

升华　2011 年 1 月—2018 年 6 月

这七年多的时间，是我成长最快的时间，无论是对于"讲解"本身的理解还是知识层面的积累，都在迅速提高，可以进行系统的讲座培训了。并且在制度化管理的体系之下，参与到了志愿者日常的管理工作。这七年，随着国人到博物馆看展览成为习惯以及对于传统文化的回归，国博志愿者得到了社会、大众的认可。因而这个时期也是国博志愿者社会化效益、自身专业水平提升、服务种类迅猛增长的时候。

2011 年 1 月 15 日

国博改扩建工程的完工，也就意味着志愿者回到展厅讲解的日子即将到来。而在 2011 年 1 月 15 日，改变国博志愿者发展走向的大事，就是中国国家博物馆志愿者协会的成立（附图 17、18）。也标志着国博志愿者的管理由之前的"大家庭"转向了制度化管理（附图 19）。

附图 17　代表证

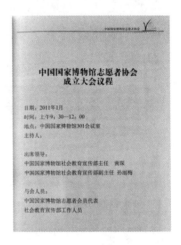

附图 18　大会议程

随着国家博物馆新馆的开启，更多、更新的展览出现在展厅中，有些展览是我们之前从来没有接触过的，比如《中国古代佛造像艺术》。由于有讲解藏传佛教造像以及撰写故宫颐和轩讲解词的经历，所以我就加入到了社教部《中国古代佛造像艺术》展讲解词撰写小组，并且负责整个展览讲解词的统稿。这是我第一次给国博展览写完整的讲解词！

附图 19　志愿者章程

佛造像，是志愿者们极少接触的一类文物，为了让大家更快地掌握相关的文物知识以及历史背景，受国博志愿者协会的委托，我办了《浅谈中国古代佛造像》的培训讲座（附图 20）。

附图 20　讲座《浅谈中国古代佛造像》

这也是我第一次以课堂的形式举办讲座。经过近十年不断地学习、实践、总结，这门课程从 2011 年最初的两个半小时，扩展至今天的《汉地佛造像时代与风格》和《藏传佛教造像艺术风格》六节共 15 小时。

　　自从 1997 年中国历史博物馆的《中国通史》陈列撤展之后，就再也没有一个全面展现中国历史的展览了。

　　而国博新馆的建成，使这一展览也被提上日程。2011 年《古代中国陈列》对公众开放，也终于允许志愿者考核这个展览。展览中的展品多达 2500 余件，时间跨度两百余万年，发下来的讲解词超过五万多字，仅仅是念下来，也要超过四个小时。

附图21　《志愿者讲解考核表》

　　又是崔淑舫老师和王秀凤老师，不厌其烦地为我们拆解讲解词、规划讲解路线、纠正站位手势。终于，我在 2011 年 11 月 27 日顺利通过了考核！（附图 21）

　　一个 2500 多件文物组成的超大展览，仅用四个半小时完全不足以叙述中华文明的发展历程，同时对大量的文物、背景知识存在着盲区。

　　这十年，在不断讲解展览的过程中，知识也在不断地更新，越讲就越觉得自己知识的匮乏！因此也就不间断地更新自己的知识。（附图 22—23）

附图22—23　《古代中国》补充知识

随着国博临时展览的增多，大大地增加了我学习的机会，因此开始自己撰写展览的讲解词，主要就是为了系统地学习、积累相关的知识。从2013年5月撰写《商邑翼翼　四方之极——殷墟宝藏展》开始，到2018年8月《江口沉银——四川彭山江口古战场遗址考古成果展》（附图24）为止，一共撰写了国家博物馆举办的11个展览的讲解背景资料。

图24　《江口沉银》讲解资料

2013年12月

2012年，国博再一次面向社会公开招募志愿者，之后2013年、2014年、2017年、2018年均进行了招募。国博在册志愿者一度接近200人。而同时最多提供讲解服务的展览超过了十个，是之前的三倍。

附图25　预约界面

同时，志愿者实行了预约公示制度（附图25），这样如何保证志愿者的讲解质量、如何安排志愿者的讲解场次、如何不断提高志愿者的各项业务能力就成为了国博志愿者管理的重要工作。

为了更好完成上述工作，国博志愿者管理转向制度化，开始志愿者的自我管理、自我培训、考核机制。在2013年12月的志愿者总结会上，我被选为国博志愿者协会的副会长，负责培训考核部，直至2015年12月。

2015年8月

讲解了十几年，在知识上有了一点积累，同时又要保持不断的更新、提高。其实这个难度很大，因为看完书，不讲，很快就忘了。有时候同样的内容要反复多看几遍才能记住，而且非常的不系统。

有朋友就建议我写下来，当时我的思维比较简单直接，写书?!哪有那个水平啊。朋友提醒，可以写公众号啊。

于是2015年的8月，我开通了公众号，经过几次尝试，终于在10号发出了我的第一篇公众号，截止到2022年4月，总共发了189篇（原创121篇），杂七杂八地涵盖了佛造像、青铜器、欧洲文艺复兴等等，对了，还有牢骚！自己撰写的国博展览的背景资料大部分也在公众号发布，这也是一种志愿服务的方式。而写公众号也成为我学习的一个动力。（附图26—27）

附图26—27 公众号所发部分文章

这七年是我个人成长最快的时期，也是对我人生影响很大的一个时期，同时也是国博志愿者组织及志愿者个人健康、有序发展的时期。这一时期国博志愿者也逐步得到社会的认可，为国博取得了良好的社会效益，也为广大的观众提供了风格迥异但不失严谨专业的讲解服务。

蛰伏　2018 年 6 月至今

随着国家博物馆部门的调整，志愿者归属部门的变动，加之迎接中华人民共和国成立 70 周年的庆祝活动，国博志愿者的服务开始趋于停滞，2019 年讲解也是断断续续的。

2020 年初，全国遭遇了"新冠"重大疫情，国博志愿者的讲解至今（2022 年）也没有完全恢复。

第二章　变化与成长

20 年间的变化既有个人的变化，也有国博、志愿者组织的变化。

变化

志愿者的变化

2003 年，第一年讲满 100 小时的志愿者一共六个人，大照片贴在服务台后面整面墙上，右下角的志愿者叫谢辉，当年历博的一个传奇（附图 28）！遗憾的是，这张大海报在历次搬家中遗失了。

2011—2018 年初，国博志愿者休息室曾是全国各馆志愿者羡慕的对象，在墙上贴满了在册志愿者的照片。志愿者可以参加到国博各个社团中（附图 29）。

附图 28　第一年优秀志愿者　左下为笔者

附图 29　国博合唱团中的四位男性志愿者

志愿者的证件

2002 年的志愿者证件上有五颗五角星，如果全部都填满红色，就代表着讲解服务满 1000 小时了。2007 年 1 月之前我只有 700 多小时。

2011 年志愿者证上写上了考核通过的常设展览，只有考核通过了才可以正式预约上岗讲解。不过我最终也就只有三个（附图 30）。我们某些志愿者老师，通过的常设展都写不下了，哈哈哈！

图 30 新的讲解证

饭票与手册的变迁

2002 年时，中国历史博物馆没有食堂，都是去中国革命博物馆的食堂吃饭。两馆虽然各自为政，但是同在一幢大楼办公！当时的志愿者真的志愿，吃饭是自己掏钱换饭票。2011 年后，国博志愿者最大的一个福利就是在服务当日可以有免费午餐吃。但自 2020 年 1 月 19 日后，我就再也没有去过国博食堂了（附图 31）。

附图 31 历代食堂饭票

志愿者的工作手册也发生了改变，不过我觉得有点逆潮流而变，从瘦子变成了胖子（附图32）。

附图32　历代《志愿者工作手册》

"身份"的变化

从2002年7月中国历史博物馆招募第二批志愿者开始，直至2018年，总共又进行了九次公开招募。我有幸全程参与了这九次的招募工作，身份也从"门童"变为面试官。

成长

讲解，在很多人眼中看似一个非常简单的工作，会说话就可以。但是，经过了二十年的讲解，深知这是一个对个人要求极高的工作（当然，这个要看每个人的标准了）。

很早的时候老师们就说过，讲解员应该是讲的时间越久就越不敢讲，因为发现自己所欠缺的知识太多了！讲解员，是一个不能间断学习的职业，只有这样才能够在讲解的时候不那么的心虚。

四本书中见成长

国博社教部与志愿者协会在志愿者成立一周年、五周年、十周年以及十五周年的时候，分别出版了志愿者撰写的纪念文集。这些文集见证了国博志愿者的成长历程，同时也是自己不断成长、进步的见证。

我真正算是会讲解，已然是在 2003 年底，讲解《承德避暑山庄三百年特展》。所以，在撰写志愿者一周年纪念文章的时候，还是懵懵懂懂的，也就只能写一写感受罢了。

国博志愿者五周年和十周年的纪念文集，我认为是最用心的两本书。准备周期长，志愿者的文章数量和质量都有明显的提升。

五周年的时候，由于我对古罗马时期的偏爱，所以写了一篇相关文章，这已经不再是简单的感想了，是经过查阅大量的书籍后的一种总结，但也仅仅是总结（附图 33—34）。

附图 33—34　五周年文集及所写文章

十周年是一个重大的节点，因此无论是馆方还是志愿者都十分重视，很早就开始组织十周年的纪念文章了。恰好在前一年，我参与了《中国古代佛造像艺术》讲解词的编写工作，特别喜欢南北朝时期的佛造像艺术风格及其大的历史背景。所以写了这篇大篇幅的文章（附图35—36），其实这就是本书的雏形。

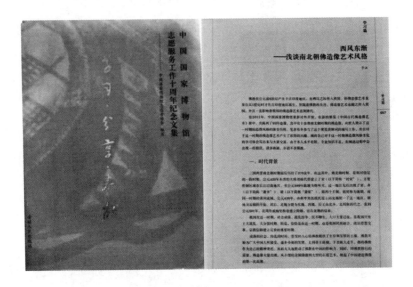

附图35—36　十周年文集及文章

　　当国博志愿者组织发展到第十五个年头的时候，同时也由于自己负责了两年的志愿者管理工作，此时已经不再局限于自己的变化了，而是更多地去思考如何能够让志愿者团队更加健康、长久地发展。所以这次发表的两篇文章都与学术知识无关，一篇想探讨的是志愿者团队的发展，而另一篇则是有关志愿讲解的思考（附图37—38）。

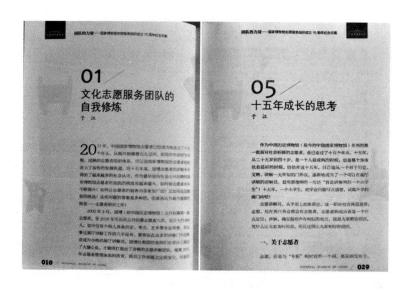

附图 37—38　十五周年文章

过去了就不会再回来

随着新的管理制度的建立，有些事情过去了就再也不会回来了。

第三章　积累与爆发

笔耕不辍

2011 年编写完《中国古代佛造像艺术》展的讲解词之后，在不断的讲解过程中，也在不断丰富自己的知识，不断优化完善讲解词。因此自己又重新完善了一些展览的讲解词。为了丰富自己的知识，更好地理解展览，自己给一些展览撰写了讲解词或背景资料。不仅给国博举办的展览撰写，也给其他省市博物馆的展览撰写，而且为了出国看展，也给部分国外的展览撰写。

　　十年间，撰写国内展览共21个合计30.8万余字（附表1）；专题文章6篇合计9.3万余字（附表2）；国外主要就是意大利和英国，总共25个场所共27万多字（附图39）。

附表1　　　　　　　　　　　**国内展览**

序号	博物馆	展览	起止年月日	字数
1	中国国家博物馆	《中国古代佛造像艺术展》（老展）	2011—2018	19256
2		《中国古代青铜器艺术展》（已撤展）	2011—2018	10595
3		《商邑翼翼　四方之极——殷墟里的晚商盛世》	2013.4.27—2015.4.8	14570
4		《江汉汤汤——湖北出土商周文物展》	2014.7.3—9.3	18294
5		《近藏集萃　—佛造像》	2015.9.11	11005
6		《近藏集萃——青铜器》	2015.9.11	7049
7		《秦汉文明》	2017.9.17—11.30	25158
8		《江口沉银——四川彭山江口古战场遗址考古发掘》	2018.6.26—9.26	6749
9		《礼出东方——山东焦家遗址烤麸发掘展》	2018.7.10—9.9	9553
10		《平民情怀——平山郁夫丝路文明展》	2018.11.27—2019.2.14	11587
11		《丝路孔道——甘肃文物精华展》	2019.5.16—8.16（原定）	12088
12	故宫博物院	《雕塑馆——曲阳修德寺白石造像》	常设展	11857
13		《梵天东土　并蒂莲华——印度与中国雕塑艺术展》	2016.9.28—2017.1.3	42451

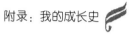

续表

序号	博物馆	展览	起止年月日	字数
14		《良渚与古代中国——玉器显示的五千年文明展》	2019. 7. 16—10. 20	9793
15	首都博物馆	《王后 母亲 女将——纪念殷墟妇好墓考古发掘四十周年特展》	2016.03.08—06.26	12839
16		《美·好·中华——近20年考古成果展》	2017. 5. 18—8. 27	20883
17		《天路文华——西藏历史文化展》	2018. 2. 27—7. 22	24184
18	清华大学艺术博物馆	《华夏之华——山西古代文明精粹》	2021. 9. 28—2022. 1. 9	6147
19	上海博物馆	青铜展厅	常设展	9256
20	齐文化博物馆	《泱泱齐风——齐文化历史陈列》	常设展	17143
21	淄博市博物馆	《西汉齐王墓陪葬陈列》	常设展	7614

附表2　　　　　　　　　　专题文章

序号	文章题目	字数
1	《曾、随、噩的关系》	14022
2	《佛像的小肚子》	1658
3	《佛教造像中的拂尘》	1128
4	《最早的白瓷——由曹操高陵出土的白瓷引发的思考》	3036
5	《四十年间发生了什么——后三国时期佛教造像风格之变化》	41795
6	《菩提精心　金刚五智——从皇室密教造像看唐代密教及对日本密教的影响》	31936

序号	国家	文化场所		字数
		名 称	性 质	
1	梵蒂冈	梵蒂冈博物馆 Vatican Museums	博物馆	25758
2		圣伯多禄大教堂 BASILICA PAPALE DI SAN PIETR	文化遗产	6316
3	意大利 罗马	科罗赛姆竞技场 COLOSSEUM	文化遗产	1849
4		君士坦丁凯旋门 Arco di Costantino	文化遗产	864
5		古罗马广场 Foro Romano	文化遗产	16508
6		卡皮托林博物馆 Musei Capitolini	博物馆	27447
7		波各赛美术馆 Galleria Borghese	博物馆	10633
8		城外圣保罗大教堂 BASILICA DI SAN PAOLO FUORI LE MURA	文化遗产	1169
9		图拉真柱 Colonna Traiana	遗址	1021
10		万神殿 Pantheon	建筑	2398
11	意大利 那不勒斯	庞贝遗址 Pompei	文化遗产	7708
12	意大利 蒂利沃	伊斯特别墅 Villa d'Este	文化遗产	1225
13		哈德良别墅 Hadrian's Villa	文化遗产	2988
14	意大利 佛罗伦萨	巴杰罗美术馆 Museo Nazionale del Bargello	博物馆	14849
15		维奇奥旧宫 Palazzo Vecchio	建筑	10396
16		帕拉蒂纳美术馆 Galleria Palatina	博物馆	6510
17		圣洛伦佐大教堂 Basilica di San Lorenzo	教堂	6440
18		乌菲兹美术馆 Uffizi museum	博物馆	39949
19		圣母百花大教堂 Basilica di Santa Maria del Fiore	文化遗产	5459
20		美蒂奇-裹卡尔迪宫 Palazzo Medici Riccardi	建筑	9991
21		圣十字大教堂 Basilica di Santa Croce	教堂	8994
22		佛罗伦萨国立美术学院 Florence National Academy of Finearts	博物馆	14971
23	英国 伦敦	英国国家博物馆 British Museum	博物馆	20066
24		英国国家美术馆 The National Gallery	博物馆	17077
25		肯辛顿宫 Kensington Palace	建筑	11298

附图 39　国外博物馆参观学习资料

停不住的嘴

2007 年之前，无论是年龄、精力还是记忆力都是自己的巅峰时期，所以几乎是逢展必讲。2011 年后，讲新展览需要在一定时间内完成考核，由于工作、家庭、精力等原因，很难在规定的时间内完成考核，因此基本上就不去考核新展览了。但是有些非常感兴趣的展览又想讲，就只能自己写词，然后给朋友们讲，这些都不能算作服务时间。但这并不重要，重要的是我学了、我写了、我分享了。

2002—2007 年为 15 个展览提供了讲解服务，总共讲解 482场、737 小时（附表 3）；2011—2020 年 1 月（包含 2020 年 1 月至今只在2021年"5·18"博物馆日讲过一场2小时）讲解过五个展览，共405场、844.5小时（附表4）。

附表3　　　　　　　　2002—2007年讲解服务时长

展览名称	讲解起止时间	讲解场次	讲解时长
《契丹王朝》	2002.6.28—11.8	34	74.5
《珍藏特展》	2002.11.8—2007.1.13	233	298
《天山古道东西风》	2003.1.21—4.14	31	45.5
《承德避暑山庄三百年特展》	2003.9.21—12.5	23	60
《大唐风韵》	2003.11.8	1	1
《古埃及文明》	2003.12.13—2004.1.4	19	47.5
《云南文明之光》	2004.2.14—4.2	29	37
《古罗马文明》	2004.6.12—9.5	25	50
《古希腊》	2004.9.4—2005.6.25	34	49
《大夏寻踪》	2005.1.3—4.8	19	25
《郑和下西洋六百年》	2005.7.29—2006.1.4	14	21.5
《大汉楚王》	2006.1.27—5.7	13	20
《盛世藏珍文化遗产日特展》	2006.6.18—6.24	3	3
《湖北出土文物精粹展》	2006.12.17—2007.1.5	2	2.5
《宋韵——四川窖藏精粹》	2006.12.17—2007.1.5	2	2.5

附表4　　　　　　　　2011—2021年讲解服务时长

展览名称	讲解起止时间	讲解场次	讲解时长
《青铜器与佛造像艺术》	2011.5.11—2012.9.2	49	51.5
《中国古代佛造像》	2012.9.15—2020.1.19	124	128

续表

展览名称	讲解起止时间	讲解场次	讲解时长
《中国古代青铜器》	2011.10.14—2018.9.11	61	66.5
《古代中国陈列》	2011.12.12—2021.5.28	155	561.5
《秦汉文明》	2017.10.25—11.22	14	35
《江口沉银》	2018.9.21—9.22	2	2

因为没有考核的展览讲解不能计入服务时间，所以在统计讲解服务时长时，统计的都是登记在志愿者服务手册中的。

最后

看着上面的统计，貌似二十年间我个人取得了一些成就，但是一定要清楚一点，就是讲解员的定位。领导曾经说过这么一句话："你们连科普都算不上"，当时听了心里很不舒服。随着讲解时间的增加，渐渐地明白了领导那句话。讲解员只是将各家之言进行了系统的梳理，然后再传递给观众而已！记住，我们就是个志愿者！！！

初稿2022年3月6日于北京

参考文献

一 古代文献

许嘉璐主编:《二十四史全译·史记》,汉语大词典出版社 2004 年版。

许嘉璐主编:《二十四史全译·三国志》,汉语大词典出版社 2004 年版。

许嘉璐主编:《二十四史全译·晋书》,汉语大词典出版社 2004 年版。

许嘉璐主编:《二十四史全译·魏书》,汉语大词典出版社 2004 年版。

许嘉璐主编:《二十四史全译·北史》,汉语大词典出版社 2004 年版。

许嘉璐主编:《二十四史全译·北齐书》,汉语大词典出版社 2004 年版。

许嘉璐主编:《二十四史全译·周书》,汉语大词典出版社 2004 年版。

许嘉璐主编:《二十四史全译·宋书》,汉语大词典出版社 2004 年版。

许嘉璐主编:《二十四史全译·南齐书》,汉语大词典出版社 2004 年版。

许嘉璐主编:《二十四史全译·梁书》,汉语大词典出版社 2004 年版。

陈桥驿译注,王东补注:《水经注》,中华书局 2009 年版。

(南梁)释惠皎撰,汤用彤校注:《高僧传》,中华书局 1992 年版。

(唐)释道宣:《四朝高僧传·续高僧传》,中华书局 2018 年版。

(东晋)法显著,田川译注:《佛国记》,重庆出版社 2008 年版。

（东魏）杨衒之著，尚荣译注：《洛阳伽蓝记》，中华书局 2012 年版。

（唐）张彦远著，俞剑华注释：《历代名画记》，上海人民美术出版社 1964 年版。

（唐）许嵩撰，张忱石点校：《建康实录》，中华书局 1986 年版。

（北宋）郭若虚：《图画见闻志》，商务印书馆 1936 年版。

（宋）米芾撰，刘世军、黄三艳校注：《〈画史〉校注》，广西师范大学出版社 2020 年版。

二 专著

杜建民编著：《中国历代帝王世系年表》，齐鲁书社 1995 年版。

金申：《中国历代纪年佛像图典》，文物出版社 1994 年版。

张明庚、张明聚：《中国历代行政区划》，中国华侨出版社 1996 年版。

谭其骧主编：《中国历史地图集——东晋十六国·南北朝时期》，中国地图出版社 1996 年版。

重庆市文物局、重庆市移民局编：《重庆库区考古报告集·2001 卷·下》，科学出版社 2007 年版。

黄春和：《汉传佛像时代与风格》，文物出版社 2010 年版。

费泳：《汉唐佛教造像艺术史》，湖北美术出版社 2009 年版。

林梅村：《西域文明——考古、民族、语言和宗教新论》，东方出版社 1996 年版。

宿白：《中国石窟寺研究》，文物出版社 1996 年版。

敦煌文物研究所编：《敦煌莫高窟内容总录（1993 年修订）》，文物出版社 1996 年版。

甘肃省文物工作队、炳灵寺文物保管所：《中国石窟：永靖炳灵寺》，文物出版社 1989 年版。

天水麦积山石窟艺术研究所：《中国石窟·天水麦积山》，文物出版社 1998 年版。

龙门文管所、北京大学考古系：《中国石窟·龙门石窟》，文物出版社 1991 年版。

敦煌文物研究所编：《中国石窟·敦煌莫高窟》，文物出版社 1984 年版。

费泳：《中国佛教艺术中的佛衣样式研究》，中华书局 2012 年版。

赖永海主编：《中国佛教通史》，江苏人民出版社 2010 年版。

王恒：《云冈石窟》，北岳文艺出版社 2008 年版。

李雪芹：《云冈石窟——刻在石头上的北魏王朝》，山西科学技术出版社 2017 年版。

赵声良：《敦煌石窟艺术简史》，中国青年出版社 2017 年版。

魏文斌：《麦积山石窟——初期洞窟调查与研究》，甘肃教育出版社 2017 年版。

甘肃北石窟寺文物保护研究所：《庆阳北石窟寺内容总录》，文物出版社 2013 年版。

冯贺军：《曲阳白石造像研究》，紫禁城出版社 2005 年版。

胡国强：《你应该知道的 200 件曲阳造像》，紫禁城出版社 2009 年版。

李森：《青州龙兴寺历史与窖藏佛教造像研究》，山东大学出版社 2012 年版。

刘志远、刘廷壁编著：《成都万佛寺石刻艺术》，中国古典艺术出版社 1958 年版。

成都市文物考古研究所编著：《成都市下同仁路佛教造像坑及城市生活遗址发掘报告》，文物出版社 2017 年版。

王仲荦：《中国断代史系列——魏晋南北朝史》，上海人民出版社 2003 年版。

陈峰韬：《后三国战争史：从北魏分裂至隋灭南陈》，台海出版社
　2018 年版。

王镛：《印度美术》，中国人民大学出版社 2017 年版。

陈良伟：《丝绸之路——河南道》，中国社会科学出版社 2002
　年版。

李庆新：《海上丝绸之路》，五洲传播出版社 2006 年版。

石云涛：《三至六世纪丝绸之路的变迁》，文化艺术出版社 2007
　年版。

［俄］B. A. 李特文斯基主编，马小鹤译：《中亚文明史（第三
　卷）》，中国对外翻译出版公司 2003 年版。

余晖：《秀骨清像——魏晋南北朝人物画》，故宫出版社 2015 年版。

金维诺：《中国美术史——魏晋至隋唐》，中国人民大学出版社
　2014 年版。

许凌云、许强：《中国儒学通论》，广东教育出版社 2002 年版。

俞鹿年编制：《中国官制大辞典》，黑龙江人民出版社 1992 年版。

中国社会科学院考古研究所编：《古都遗珍——长安出土的北周
　佛教造像》，文物出版社 2010 年版。

西安碑林博物馆编：《长安佛韵——西安碑林佛教造像艺术》，陕
　西师范大学出版社 2010 年版。

牟发松、毋有江、魏俊杰：《中国行政区划通史——十六国北朝
　卷（下）》，复旦大学出版社 2017 年版。

敦煌研究院编：《敦煌石窟全集——塑像卷》，商务印书馆 2013
　年版。

郑炳林、张景峰：《敦煌石窟彩塑艺术概论》，甘肃教育出版社
　2016 年版。

青州市博物馆编：《青州龙兴寺佛教造像艺术》，山东美术出版社
　1999 年版。

钱穆：《国史大纲》，商务印书馆 1996 年版。

王敏庆：《北周佛教美术研究——以长安造像为中心》，社会科学
文献出版社 2013 年版。

李淞：《佛教美术全集 8　陕西佛教美术》，文物出版社 2008
年版。

夏名采：《青州龙兴寺佛教造像窖藏》，生活·读书·新知三联书
店 2004 年版。

中国社会科学院考古研究所、河北省文物研究所编著：《邺城北
吴庄出土佛教造像》，科学出版社 2019 年版。

张其丙修，张元钧纂：《中国地方志集成·山东府县志 27》，凤
凰出版社 2008 年版。

《中国佛教美术全集·雕塑卷·响堂山石窟》，天津人民美术出版
社 2014 年版。

杜继文主编：《佛教史》，江苏人民出版社 2008 年版。

三　期刊文献

陕西考古研究院：《陕西咸阳成任墓地东汉家族墓发掘简报》，
《考古与文物》2022 年第 1 期。

南京市博物馆：《南京长岗村五号墓发掘简报》，《文物》2002 年
第 7 期。

何志国：《早期金铜佛像研究述评》，《中国美术研究》2016 年第 1 期。

程旭：《陕西馆藏造像概述》，《敦煌学辑刊》2014 年第 3 期。

董玉祥：《炳灵寺石窟第 169 窟内容总录》，《敦煌学辑刊》1986
年第 2 期。

袁曙光：《四川茂汶南齐永明造像碑及有关问题》，《文物》1992
年第 2 期。

成都市考古工作队、成都市文物考古研究所：《成都市西安路南朝石刻造像清理简报》，《文物》1998 年第 11 期。

张宝玺：《甘肃泾川南石窟调查报告》，《考古（1983 年合集）》1983 年第 10 期。

夏名采：《青州龙兴寺佛教造像窖藏清理简报》，《文物》1998 年第 2 期。

邺城考古队：《河北邺城遗址赵彭城北朝佛寺与北吴庄佛教造像埋藏坑》，《考古》2013 年第 7 期。

霍巍：《齐梁之变：成都南朝纪年造像风格与范式源流》，《考古学报》2018 年第 3 期。

袁曙光：《成都万佛寺出土的梁代石刻造像》，《四川文物》1991 年第 6 期。

袁曙光：《四川省博物馆藏万佛寺石刻造像整理简报》，《文物》1991 年第 10 期。

张肖马、雷玉华：《成都市商业街南朝石刻造像》，《文物》2001 年第 10 期。

成都市文物考古工作队：《成都市西安路南朝石刻造像清理简报》，《文物》1998 年第 11 期。

成都市文物考古研究所：《成都市下同仁路遗址南朝至唐代佛教造像坑》，《考古》2016 年第 6 期。

霍巍：《四川大学博物馆收藏的两尊南朝石刻造像》，《文物》2001 年第 10 期。

袁曙光：《北周天和释迦造像与题记》，《四川文物》1999 年 2 月。

李静杰、王全力：《佛像赝品的三种情况》，《收藏家》1996 年第 1 期。

张钟权、郝建军：《榆林发现一件南朝刘宋鎏金铜佛像》，《文博》1990 年第 1 期。

浙江省博物馆：《佛影灵奇——十六国至五代佛教金铜造像》，2018 年 11 月 29 日—2019 年 2 月 28 日。

庞文龙：《岐山县博物馆藏铜造像》，《文博》1989 年第 3 期。

费泳：《南京德基广场出土南朝金铜佛坐像的新发现》，《艺术探索》2018 年第 1 期。

季崇建：《上海博物馆藏纪年佛教造像考证》，《上海博物馆集刊》2000 年。

李柏华：《试论南朝梁代佛像的几个特征》，《中原文物》2004 年第 3 期。

胡文成等：《从图像学探讨成都南朝佛像与犍陀罗和秣菟罗、笈多佛像造型艺术流派的关系》，《南方民族考古》2012 年。

李玉珉：《萧梁佛教造像的印度化元素》，《南方民族考古》第十六辑，2018 年第 1 期。

汤其领：《陶弘景与茅山道的诞生》，《苏州大学学报》2003 年第 2 期。

柏俊才：《梁武帝"舍道事佛"的时间、原因及其他》，《文学遗产》2016 年第 4 期。

武锋：《梁武帝舍身同泰寺的佛教渊源》，《南京晓庄学院学报》2013 年第 5 期。

王剑平、雷玉华：《阿育王像的初步考察》，《成都考古研究》2009 年。

杜晓勤：《"草原丝绸之路"兴盛的历史过程考述》，《西南民族大学学报》2017 年第 12 期。

宋蜀华：《论西南丝绸之路的形成、作用和现实意义》，《中央民族大学学报》1996 年第 6 期。

龚伟：《〈史记〉〈汉书〉所载"西夷西"道覆议——兼论汉代南方丝绸之路的求通》，《四川师范大学学报》2018 年 3 月。

宋蜀华：《西南丝绸之路的形成、作用和现实意义》，《中央民族
　　大学学报》1996 年第 6 期。

张弘、林昌：《试从南丝路沿线出土海贝探求古蜀海贝的由来》，
　　《兰台世界》2009 年 6 月上半月。

费泳：《南朝佛造像研究》，《南京艺术学院》2001 年 5 月。

江梅：《六朝美术中人物审美的演变——从"秀骨清像"到"面
　　短而艳"》，《东南文化》1993 年第 5 期。

许祖良：《魏晋南北朝绘画与玄学、佛学思想》，《江苏省美术学
　　会 2014 年年会暨学术研讨会论文集》。

李静杰：《佛教造像碑》，《敦煌学辑刊》1998 年第 1 期。

王景荃：《试论北朝佛教造像碑》，《中原文物》2000 年第 6 期。

于春：《长安西魏佛教造像特征及其源流考》，《西部考古（第 15
　　辑）》2018 年。

郭志成、周桂香：《北朝晚期山西石雕佛教造像艺术风格初探》，
　　《沧桑》2001 年第 4 期。

张俊良：《芮城北周隋唐佛道造像》，《文物世界》2005 年第 6 期。

曹学文：《关于炳灵寺之争的学术史钩沉》，《敦煌学辑刊》2016
　　年第 1 期。

魏文斌、白凡：《麦积山石窟历次编号及新编窟龛说明》，《敦煌
　　研究》2008 年第 5 期。

王长启、高曼：《西安地区出土北朝晚期佛造像及其艺术风格》，
　　《碑林辑刊》2002 年。

项一峰：《麦积山石窟内容总录（东崖部分）》，《敦煌学辑刊》
　　1997 年第 2 期。

项一峰：《麦积山第 43 窟研究》，《敦煌研究》2003 年第 6 期。

王一潮、张慧、杨皓：《麦积山第 44 窟西魏佛的"女相化"》，
　　《装饰》2009 年第 2 期。

周扬：《北魏六镇防线的空间分析》，《中国国家博物馆馆刊》2017 年第 12 期。

陕西省考古研究所：《北周宇文俭墓清理发掘简报》，《考古与文物》2001 年第 3 期。

马鸣钟：《西安北郊出土北周佛造像》，《文博》1999 年第 1 期。

赵力光、裴建平：《西安市东郊出土北周佛立像》，《文物》2009 年第 9 期。

刘仕敏：《西安北周张子开造立佛像相关问题探讨》，《文物世界》2016 年第 1 期。

于春：《长安地区北朝金铜佛像形制与铸造技术特征》，《文博》2016 年第 3 期。

何洪岩：《麦积山石窟北周造像特点及演变脉络——以第 62 窟为例》，《天水师范学院学报》2015 年 5 月。

王光照：《梁季江陵政权始末及江左士族社会变迁》，《安徽大学学报》2015 年第 6 期。

诸城市博物馆：《山东诸城发现北朝造像》，《考古》1990 年 8 月。

许作民：《历史上的邺城、邺县与邺郡》，《中国古都研究》总第二十四辑。

孙启祥：《金牛古道演变考》，《成都大学学报》2008 年第 1 期。

雷玉华：《四川石窟分区与分期初论》，《成都考古研究》2016 年。

李锡经：《河北曲阳县修德寺遗址发掘记》，《考古通讯》1955 年第 3 期。

罗福颐：《河北曲阳县出土石像清理工作简报》，《考古通讯》1955 年第 3 期。

孟娜：《古北岳恒山考》，《保定学院学报》2010 年第 2 期。

王丽敏、杨丽平、王明涛：《修德寺与修德寺塔》，《文物春秋》
　　2009 年第 6 期。

山东省青州市博物馆：《青州龙兴寺佛教造像窖藏清理简报》，
　　《文物》1998 年第 2 期。

邺城考古队：《河北临漳县邺城遗址北吴庄佛教造像埋藏坑的发
　　现与发掘》，《考古》2012 年第 4 期。

邺城考古队：《河北邺城遗址赵彭城北朝佛寺与北吴庄佛教造像
　　埋藏坑》，《文物》2013 年第 7 期。

宋中选：《从汉灵帝变刺史为州牧分析东汉末诸侯割据成因》，
　　《新乡学院学报》2009 年 12 月。

沈丽华：《曹魏邺城都城空间与葬地初论》，《芳林新叶——历史
　　考古青年论集》（第二辑）。

何利群：《邺城佛教考古的主要发现与收获》，《西部考古》第 12
　　辑，2017 年第 1 期。

晋华、吴建国：《山西寿阳出土一批东魏至唐代铜造像》，《文
　　物》1991 年第 2 期。

山东省博兴县文物管理所：《山东博兴龙华寺遗址调查简报》，
　　《考古》1986 年第 9 期。

李少南：《山东博兴出土百余件北魏至隋代铜造像》，《文物》
　　1984 年第 5 期。

常叙正、李少南：《山东省博兴县出土一批北朝造像》，《文物》
　　1983 年第 7 期。

张英军、张淑敏等：《山东博兴龙华寺遗址"北朝、隋、唐"佛
　　寺基址的发掘与收获》，《文博中国》2022 年 5 月 27 日。

李裕群：《天龙山石窟分期研究》，《考古学报》1992 年第 1 期。

刘东光：《响堂山石窟的凿建年代及分期》，《华夏考古》1994 年
　　第 2 期。

赵立春：《响堂山石窟的编号说明及内容简录》，《文物春秋》
　　2000 年第 5 期。

邯郸市文物保管所等：《河北邯郸鼓山常乐寺遗址清理简报》，
　　《文物》1982 年第 10 期。

邯郸市峰峰矿区文管所、北京大学考古实习队：《南响堂石窟新
　　发现窟檐遗迹及龛像》，《文物》1992 年第 5 期。

邯郸市文物保管所：《邯郸鼓山水浴寺石窟调查报告》，《文物》
　　1987 年第 4 期。

韦琦辉：《东魏北齐胡汉分治政策与高演政变》，《社会纵横》
　　2011 年 6 月。

许序雅：《〈新唐书·西域传〉所记"曹国"考》，《浙江师大学
　　报》2000 年第 3 期。

邱忠鸣：《曹仲达与"曹家样"研究》，《故宫博物院院刊》2006
　　年第 5 期。

南京市博物总馆官网，http：//www. njmuseumadmin. com/Antique/
　　show/id/160。

冯贺军：《僧成造铜弥勒像》，故宫博物院官网，https：//www. dpm.
　　org. cn/collection/sculpture/228993. html。

故宫博物院：《故宫博物院藏品总目》，https：//zm-digicol. dpm.
　　org. cn/cultural/list···k = %E8%A5%BF%E9%AD%8F。

陕西历史博物馆：《陕西历史博物馆雕塑造像类藏品目录》，陕西
　　历史博物馆官网。

四　硕博论文

符永利：《南朝佛教造像的考古学研究》，博士学位论文，南京大
　　学，2012 年。

黄志明：《东魏西魏北齐北周造像记整理与研究》，硕士学位论文，吉林大学，2020 年。

岳红纪：《北朝关中地区造像题记书法艺术研究》，博士学位论文，西安美术学院，2011 年。

赵瑜：《泾川大云寺窖藏佛教造像研究》，硕士学位论文，华东师范大学，2022 年。

高泽：《庆阳佛教石窟寺调查及其有关问题》，硕士学位论文，兰州大学，2014 年。

于春：《长安地区北朝佛教造像考古学研究》，博士学位论文，西北大学，2015 年。

岳改荣：《河北北朝石质纪年佛造像研究》，博士学位论文，河北师范大学，2019 年。

韩广来：《〈齐乘〉点校及研究》，硕士学位论文，南京师范大学，2008 年。

刘杰：《中国古代汉传佛教铜造像的调查和研究》，博士学位论文，北京科技大学，2015 年。

后　记

中国国家博物馆志愿者经历已有二十年，这本小书的出版，是对自己二十年成长的一个总结，也是对中国国家博物馆志愿者二十周年的一个献礼。有出书想法源自于 2020 年，这一年是新冠疫情的第一年，在年初的三四个月一切工作停止，当然也包括博物馆讲解。于是利用这段时间，着手写了本书最初的小文《四十年间发生了什么——后三国时期佛教造像风格之变化》。到了 2021 年，整理自己这些年的资料时，看到了当年中国历史博物馆邮寄给我的《录取通知》，才意识到次年就是国博志愿者成立二十周年，于是才有了以出书的形式来纪念自己二十年志愿者生涯、国博志愿者组织二十周年的念头。但是由于这一年家里突发事情出现，没有精力顾及此事，便一直拖到了 2021 年底，才终于付诸实施。

这本小书能够出版，太多的人给予我帮助与鼓励。首先就是要感谢我的父母，这里不仅是感谢他们的养育之恩，更是感谢他们对于我志愿者工作的支持。当年报考中国历史博物馆志愿者，我并没有告诉父母，因为怕他们认为我不务正业，毕竟这只是我的兴趣爱好，而不是工作。直到面试后半个多月还没有消息、我觉得不可能被录取的时候，才告诉了父母。但出乎我意料的是，他们都很支持我去报名。不久之后，我竟收到了中国历史博物馆邮寄的《录取通知》。我记得很清楚，2002年6月28日下午，是我第一次以正式的中国历史博物馆志愿者的身份在展厅讲解，家母特意在北海仿膳请我吃了午饭，以示庆祝，当然那天也是我25岁的生日。之后的岁月里，他们反而把志愿者这件事放在心上，如果家中有事与我讲解日期冲突，基本上优先我去讲解。这本书的出版，也是告诉他们，虽然志愿者仅仅是我业余生活的一部分，但是我也能够做出一定的成绩，没有辜负他们对我的支持。

再要感谢的是我的妻子，我们相识于历博，因此她知道志愿者于我而言的意义，十五年来我也经历起起伏伏，在最困难的时候，她都没有说过让我停止志愿者的工作，而是一个人承担起了本应是我该承担的家庭责任。而且书稿的第一校对工作就是由她来完成的。

我之所以在志愿者讲解工作中取得一定的成绩，是与中国历史博物馆社教部的诸位老师密不可分的。时任中国历史博物馆社教部主任的黄琛主任，是他首先开启了公立博物馆面向社会公开招募志愿者的先河，给了我们这些门外汉一个能够在国家级博物馆为观众服务的机会。在此后的十几年中，黄主任无论是在业务上还是在生活中都给予我很大帮助，他曾经建议我：历史学比较难，你应该从文物入手，选择一个自己喜欢的类别去深入研究。因此才会有了今天的这本小书。在讲解生涯中，具体负责志愿者培训、考核、管理工作的是当时社教部讲解组的崔淑舫、王秀凤、张天莉、纪聿绵四位老师。从展览讲解词的解读、展厅展线走位、讲解中的站姿手势，老师们无不耐心教导。当时志愿者每讲解一个新的展览，诸位老师都要进行考核，并且是全程跟到底。四位老师负责的展览我都参与讲解过，也就是说，四位老师都考核过我，最难忘的是《契丹王朝》《天山古道东西风》《珍藏特展》的考核，《契丹王朝》是我第一个展览，而后两个则是在考核时没有观众只有几位老师，我是面对着几位老师讲解了一个多小时。这样的经历为我今后的讲解工作打下了扎实的基础。二十年，我与诸位老师亦师亦友，这本小书的出版不仅是我努力的结晶，更是诸位老师共同栽培而出的果实。

虽然我有出书的想法，但对于出版一事一窍不通，找出版社就是一个大问题。在此也特别感谢国家博物馆的两位志愿者俞伽老师和戴木茅老师。俞伽老师在2004年就加入到国博志愿者大家庭了，我们相识也有十几年了。由于俞伽老师是从事出版相关的工作，所以从2021年我就开始向她咨询。包括选题、撰写过程中要注意的问题、出版流程等，俞伽老师不厌其烦地回答我的问题，让我对于出版有了一定的概念。本书最终能够被中国社会科学出版社认可并出版，戴木茅老师从中起了巨大的作用。虽然我是戴木茅老师当年面试的考官之一，但是其后的三四年我们几乎没有交流。在偶然的一次聊天时，我提起了出书的想法。戴木茅老师立刻帮我咨询相关出版社，最终帮我联系了中国社会科学出版社，让我的想法得以实现！

此书得以出版，还要感谢中国社会科学出版社的郭鹏老师，感谢郭鹏老师为我这个寂寂无闻的人的付出，从选题、双方之间的沟通、出版的流程，都要郭鹏老师一步一步推进，最终才能面世。同时感谢中国社会科学出版社相关岗位的老师为这本小书的出版所付出的艰辛，因为本书研究内容需要大量的文物照片，有很多造像的照片我手中没有，尤其是南梁时期的。因此还麻烦四川博物院的志愿者林娜老师、成都博物馆的志愿者杨小路老师、重庆中国三峡博物馆的志愿者唐馨老师，帮我到博物馆中拍摄相关文物的照片，非常感谢三位老师在疫情之下、不辞辛苦地前往博物馆帮忙拍摄！

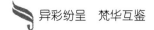
异彩纷呈 梵华互鉴

在我成长的过程中，得到了诸多师友的帮助、鼓励，在此一并感谢！！！

书中图片多数为本人拍摄，一部分源自于公开资料，还有部分来自于网络，如有侵权烦请联系本人商谈相关事宜，在这里先行感谢！

由于自身水平所限、才疏学浅，仅能对后三国时代的佛像的艺术风格进行分析、探讨，佛教造像中更多的菩萨像以及其他相关题材未作分析。并且由于笔者所能见到的公开素材有限，所以前述分析都是基于目前能见到的公开材料。因此，本书必然存在不少疏漏、不妥之处，敬祈业内学者、师友及读者诸君不吝赐教！